HIJOS
GENIALES

12 claves para potenciar las capacidades de tus hijos

HIJOS
GENIALES

12 claves para potenciar las capacidades de tus hijos

Elisa Patricia Chávez Rosas

Elvira Sánchez.

△ **Alfaomega**

© Elisa Patricia Chávez Rosas

Diagramación:
Mónica Gómez L.

Al cuidado de la edición:
Martha Cupa León
Héctor Germán Asenjo

Producción:
Guillermo González Dorantes

© 2001 ALFAOMEGA GRUPO EDITOR, S.A. de C.V.
Pitágoras 1139, Col. Del Valle 03100, México, D.F.

Miembro de la Cámara Nacional de la Industria Editorial Mexicana
Registro No. 2317

Internet: **http://www.alfaomega.com.mx**
Email: **ventas1@alfaomega.com.mx**

ISBN 970-15-0754-1

DEDICATORIA

Dedico esta obra a quienes comparten conmigo la maravillosa tarea de formar seres humanos, en sabiduría, amor y en la posibilidad de tener un futuro cada día mejor:

A LOS PADRES Y MAESTROS

AGRADECIMIENTOS

A mis padres, abuelitos y a toda mi familia por darme la oportunidad de existir y de verter sobre mí su amorosa intención de darme toda clase de herramientas para enfrentar la vida y crecer feliz.

A mi esposo Román y a mis hijos Florencia y Román, por su tiempo, apoyo, enseñanzas, inspiración y por constituir el motor de mi vida.

A mis maestros, en especial a Linda, por haber sembrado en mí la inquietud permanente de superarme y aprender, además de enseñarme que la profesión que comparto con ellos es la única que abre la posibilidad de tener un mundo mejor.

A todos mis alumnos que durante 21 generaciones me han impulsado y motivado a interesarme y trabajar en pro de la educación, específicamente en la mejora de los procesos de enseñanza–aprendizaje.

A mis amigos(as) por alentarme y otorgarme la oportunidad de conocer el verdadero significado de la amistad, especialmente a mis amigas Laura, Bety e Ivonne.

A Gamagraphics S.A. de C.V. dirigido por Sebastián Pell, por el apoyo en el diseño de las ilustraciones.

PRÓLOGO

Sembrar en primavera...

El tocar los corazones, mentes y espíritu de los padres y de los maestros con frescos e innovadores conceptos de manera propositiva para apoyarlos en la grandiosa obra que realizan: sembrar en primavera las semillas de las aptitudes y actitudes que harán que florezcan en las vidas de los niños de hoy, las competencias que les permitirán ser los protagonistas de la sociedad en el futuro que todos deseamos.

Es urgente cambiar los paradigmas de los padres y maestros con relación al sentido de educar: mientras las formas tradicionales de educación se centran en la adquisición de conocimientos y esta es la prioridad con que medimos y hacemos valer la formación, ha surgido en el mundo otra visión mucho más sabia en donde lo que se busca es una educación integral, en la cual se valoren las muchas formas de aprender con que cuenta nuestra mente, no sólo para los conocimientos, sino para sembrar los valores que modelarán la parte humana de los educandos porque resulta cada vez más decisivo elevar el potencial humano para que sean capaces de resolver los múltiples problemas a los que se enfrentarán al vivir en los escenarios del mundo globalizado.

Reenfocar la educación con visión a futuro es la propuesta de este libro. La compleja problemática social que hemos creado tiene una sencilla y simple solución: Hacer de las familias núcleos sanos y propositivos en donde crezcan niños saludables en lo físico, lo mental y lo emocional. Esta es la propuesta que hace Patricia Chávez, como conclusión de su larga experiencia en el campo de la educación, pero sobre todo porque al llevarla a la práctica en su propia casa, con sus propios hijos, puede relatarla de manera especialmente vivencial y testimonial.

Gracias a la oportunidad que he tenido de compartir esta vocación docente de Patricia, he sido testigo de su inconformidad con lo que sucede en los sistemas educativos tradicionales, de su incondicional entrega al trabajo, así como de su conciencia social y de su permanente interés por investigar y profundizar en las megatendencias educativas, pero sobre todo, su generosidad de compartir sus trabajos con los que la rodeamos. Seguramente que el contenido de esta obra dará a los padres de familia y a los maestros muchas respuestas actuales a sus inquietudes y a las de los niños y jóvenes.

Este libro es una invitación a nuevos horizontes mentales. Educar es crear la realidad del futuro... ¡Empecemos pues, a diseñar una mejor sociedad a través de formar mejores hijos y mejores alumnos!

Linda Kasuga

CONTENIDO

Contenido

INTRODUCCIÓN

A qué nos enfrentamos...

Esta obra tiene la intención de otorgar a los padres de familia herramientas para mejorar su quehacer como formadores de una nueva generación y auxiliar a los profesores en su labor cotidiana.

Los padres de familia de los últimos 50 años han vivido en la época en la que el ser humano se ha enfrentado a un número más grande de cambios y a una mayor cantidad de información, que en toda la historia de la humanidad.

Nuestro cerebro se ha visto forzado a trabajar "horas extras" para adaptarse y alcanzar el ritmo de los acontecimientos a los que el hombre moderno se ha visto obligado a vivir.

En los procesos educativos...

Los procesos educativos, que estaban diseñados para que a determinada edad el hombre o la mujer estuvieran preparados para enfrentar su vida independiente, se quedaron muy atrás ante las nuevas necesidades de formación académica que requieren los jóvenes de hoy para introducirse en el campo laboral.

Como sociedad también se enfrentan nuevas estructuras, ya que la mujer, al pasar a una actividad productiva, fuera del contexto del hogar, ha relegado la educación de los hijos a otros sectores: la escuela o la guardería, los abuelos, la televisión, o una combinación de éstos.

Además, hemos entrado forzosamente a un proceso de globalización, donde el manejo de la información y la creación de nuevos conocimientos, marcarán el futuro del hombre.

En los procesos educativos...

La raza humana tiene que prever los avances en biotecnología en el manejo del genoma humano así como de otras especies, ya que esto puede definir nuestra existencia futura o nuestra desaparición de este planeta.

¿Cuál es el panorama que rodea a la formación de las nuevas generaciones? ¿Cuáles son los estímulos y ejemplos que reciben los niños? ¿Dónde quedaron los valores, para formar en la honestidad y la responsabilidad? ¿Cómo se debe manejar la presión a la que se enfrenta el ser humano, por el sólo hecho de vivir en los inicios del siglo XXI? ¿Dónde queda el amor, la mente y la voluntad? ¿Quiénes son los actores, principales responsables del cambio?

MAPA VISUAL
DE LAS
12 CLAVES

*La fa▮
su pres▮*

*Casa-escuela:
un binomio equilibrado*

Cómo aprendemos mejor

*Del niño de hoy al hombre
del mañana*

*Hablemos de sexualidad
con nuestros hijos*

*Comunicación con amor,
la actitud como ejemplo*

*Im▮
de co▮*

asado,
porvenir

La sociedad en el umbral
del nuevo milenio

Si no cambiamos,
¿qué futuro nos espera?

Desarrollo del ser y el hacer del hombre

Rescata al niño
que hay en ti

los medios
ón en los niños

Comunicación eficaz
en la familia

CLAVE
1

Si no cambiamos,
¿qué futuro
nos espera?

Desde el inicio de la humanidad, los grandes progresos los han tenido las culturas que cuidaron dos aspectos: el aprendizaje y la adaptabilidad a los cambios.

Tanto especies animales, como tribus, pueblos o civilizaciones completas han desaparecido cuando por alguna circunstancia no se han dado estos dos aspectos de aprendizaje y adaptabilidad.

El rol de los padres en la formación de estas dos habilidades es determinante, y dependerá de la forma en que ellos ven y entienden su realidad, el modo en que ellos educarán a los hijos.

Si los padres tienen conocimiento de nuevos elementos que ayuden en este proceso de educación, cualquiera que sea la realidad a la que se enfrenten los niños y jóvenes, éstos desarrollarán la posibilidad de sobrevivir en un mundo cada vez más complejo, con la utilización de sus inteligencias múltiples y de otras herramientas, como la programación neurolingüística, técnicas para aprender a aprender, inteligencia emocional, etc.

Las olas de cambio...

La velocidad con la que se vive hoy día sobre todo en las zonas urbanas, la enorme cantidad de cambios a los que se enfrenta el hombre, lo confunden y le hacen perder la visión de lo que quiere lograr. Si se entienden las grandes olas de cambio que ha vivido la humanidad, se podrá forjar un escenario en el que se tengan los elementos para crear un futuro cierto para todos.

Es innegable que la mayoría de los padres tienen la intención de legar lo mejor de sí mismos a sus hijos, pero también es cierto que a los hijos les toca compartir el destino de los padres (sobre todo cuando son pequeños).

Una personalidad familiar...

En la cadena generacional cada quien recibe de sus antepasados una herencia histórica y cultural, tanto en las tradiciones como en la forma de educar consciente o inconscientemente, lo que va creando una personalidad familiar que posee su propia proyección de futuro y hasta crea actitudes semejantes en la forma de enfrentar la vida.

Al observar la manera en que se forma la personalidad familiar, cuando se une a la de las familias de la región, de un estado, o de un país, se puede entender por qué existe una determinada identidad nacional, que marca las actitudes (tanto en forma positiva como negativa), la forma de resolver problemas, el comportamiento, etc., de cualquier persona que pertenezca a un grupo.

En la medida que tomemos conciencia de estas repercusiones y de que realicemos un esfuerzo por superarnos, las fuerzas coincidirán desde la célula familiar, hasta el impacto que tengan en la sociedad, en el país y en el resto del mundo.

Solución igual a: educación...

La solución es clara: todo está en la EDUCACIÓN.

La calidad y la asertividad de la educación determinarán la realización de los individuos, la felicidad de las familias y prosperidad de las naciones, pues la educación hace capaz al hombre en todos los roles que desempeñe en su familia y en la sociedad.

Por calidad en la educación se entiende tanto el acervo académico, las herramientas didácticas aplicadas y la búsqueda en valores y virtudes que lleven a una formación integral del ser humano.

Desde el punto de vista académico se debe cumplir con la tarea de que el individuo, a partir de ciertos conocimientos, pueda crear nuevos y mantenga actualizados los conocimientos ya adquiridos.

Las herramientas y técnicas por las cuales se trasmiten estos conocimientos deben permitir tanto la permanencia y el rápido uso de los mismos, como el desarrollo de todas las potencialidades cerebrales del ser humano.

Como formación integral se entiende el desarrollo de la persona en valores y virtudes positivas que le hagan crecer, manifestarse, dar a los demás y trascender, el desarrollo de habilidades físicas, mentales, emocionales, afectivas, etc., además del acervo académico

Educar es construir el futuro

¿En quién recae la responsabilidad de educar a las nuevas generaciones?, muchos contestarían que en las escuelas; sin embargo, aún es en el hogar donde se otorga el mayor peso en la formación de los hijos. Las escuelas y los maestros son un apoyo social (sumamente importante) para este fin, pero no son los únicos responsables de este proceso.

La familia es la célula principal de cualquier sociedad y es donde el niño es influido más directamente en su desarrollo.

Los obstáculos de la familia de hoy...

Los factores dentro de la familia que enmarcan el proceso de educación son muchos y de índole muy variada. En principio, la familia está en un proceso de cambio. Por el lado económico en muchos casos se necesita el ingreso económico de ambos integrantes de la pareja para el sostén familiar; por el lado afectivo, la desintegración familiar ha alcanzado cifras preocupantes, donde se ha dado un aumento de la violencia intrafamiliar; además existe poca tolerancia hacia la adaptación en los diferentes roles que juega cada uno de los integrantes de las familias.

Dentro de los factores externos se puede mencionar la globalización que afecta a las familias, ya que se recibe cada vez mayor cantidad de información, se viven a diario problemas de injusticia social, la pobreza va en aumento y la contaminación ambiental hace que sea dudosa la permanencia de los seres humanos como especie en este planeta.

Estos factores internos y externos obligan a que la visión de los niños y jóvenes de las nuevas generaciones sea: SOBREVIVIR, sin importar sobre quién se tenga que pasar, a quién o a qué se tenga que afectar, con tal de alcanzar un: TENER, TENER Y TENER; sin importar quién se ES y cómo se puede llegar a donde se desee, por lo tanto, se debe promover un cambio que lleve a pensar, en vez de en el egoísta "yo", en un NOSOTROS.

Es indispensable darnos cuenta de lo fundamental que es la educación en forma integral, en la que se busque un equilibrio entre los conocimientos y los valores, con un sentido profundo de humanidad, buscando una nueva ética universal, un nuevo orden mundial, así como un sentido más sagrado sobre el hecho de existir.

Dentro de las escuelas, el papel del profesor también está cambiando radicalmente.

Los profesores se enfrentan a:

Desde que existe el hombre sobre la tierra, las nuevas generaciones han aprendido de las anteriores. El papel del profesor ha sido tener en sus manos el futuro de la humanidad, aunque a veces no sea consciente de la gran responsabilidad que asume día a día al transmitir el conocimiento y sobre todo, al formar al ser humano en valores y actitudes.

Para ser profesor se necesita tener vocación, que no es otra cosa que llevar a la realidad esa misión interna de trascender a través de la semilla que se deja en el otro, esperando que algún día, dé el fruto con el sabor del éxito. Como decía el maestro Octavio Paz: *Vocación es el llamado que lleva al hombre a "hacer" con esmero, dedicación y profunda entrega.*

En el nuevo milenio con el advenimiento de la tecnología y el exceso de información, parecería que el papel del profesor estaría por desaparecer, ya que a través de una computadora se puede acceder a una cantidad de información que difícilmente tendría un profesor a la mano.

Sin embargo, nunca en el transcurso de la historia, como hoy, ha sido tan relevante el rol del profesor en nuestra sociedad, ya que es el responsable directo, junto con los padres de familia, de estar al día en el suceder de los acontecimientos y el que tiene la obligación de ser visionario en cuanto a las necesidades de los niños y jóvenes de la actualidad, para enfrentar los retos del futuro.

Por lo tanto el papel del profesor ha retomado su esencia, ya no es más sólo un informador, es nuevamente un guía, un formador de hombres y mujeres con un compromiso de formación integral.

Los primeros profesores son...

No hay que perder de vista que los formadores fundamentales de los seres humanos son los PADRES. Ellos son los que comienzan a crear en las mentes de los niños los patrones de conducta que regirán su vida, la dimensión del mundo y del futuro, la entrega a lo que se hace, la forma de resolver problemas, las normas de disciplina, el amor a la verdad, la piedad, el valor de la justicia, y más.

Es por eso que decidir tener un hijo conduce al planteamiento de todo un nuevo proyecto de vida, porque no es sólo darle alimento y cobijo, es EDUCARLO, y educar es mucho más que enviarlo a una buena escuela, es darle calidad y cantidad de tiempo; es ayudarlo a valorar sus habilidades, conocer su personalidad e inteligencias; es proporcionarles "luz" para entender su realidad; es darles herramientas para que aprendan a aprender.

Cambio y capacidad de adaptación...

Como padres entonces, no debemos conformarnos con decir: "educo como me educaron, al fin, resulté yo, y no soy tan malo". Los hijos no vivirán la realidad de los padres, ni enfrentarán los problemas que les tocó resolver, tendrán retos diferentes y probablemente más difíciles de solucionar en un mundo cada vez más competitivo, donde el CAMBIO Y LA CAPACIDAD DE ADAPTACIÓN serán los factores comunes a enfrentar por quien quiera tener éxito en lo que se proponga.

Claves para reflexionar

❖ Date tiempo de ser padre o madre.
❖ Aprende a escuchar más allá de las palabras.
❖ Rescata al niño que hay en ti.
❖ Sé exigente pero también cariñoso.
❖ Nunca "tires la toalla" (nunca te des por vencido).
❖ No importa la edad para manifestar el amor a los hijos.
❖ A veces es necesario romper los paradigmas de la razón y escuchar al corazón.

Claves de aplicación

Padres:
Creen una misión familiar, imaginen que son un equipo que juega el juego de la vida, existen muchos obstáculos en el camino hacia la meta. Creen soluciones, reglas y acuerdos.

Por escrito, anoten la visión de su familia a corto, mediano y largo plazo, imaginen los planes y estrategias que usarán para lograr su misión familiar.

En el transcurso del tiempo, provoquen reuniones familiares donde realicen una revisión de los acuerdos y logros, y creen nuevas metas, si algunas ya se cumplieron.

Programen al inconsciente a trabajar con ustedes en el logro de sus sueños.

No importa que los hijos sean pequeños, permítanles opinar desde su perspectiva.

Algo para disfrutar

"Dame Señor, un hijo que sea lo bastante fuerte, para saber cuando es débil y lo bastante valeroso para enfrentarse consigo mismo cuando sienta miedo.

Un hijo que sea orgulloso e inflexible en la derrota. Honrado y magnánimo en la victoria.

Dame un hijo que nunca doble la espalda cuando debe erguir el pecho, un hijo que sepa conocerte a Ti......y conocerse a sí mismo, que es la piedra fundamental de todo conocimiento.

Condúcelo, te lo ruego, no por el camino cómodo y fácil sino por el camino áspero, aguijoneado por las dificultades y los retos. Allí déjale aprender a sostenerse firme en la tempestad y a sentir compasión por los que fallan.

Dame un hijo cuyo corazón sea claro, cuyos ideales sean altos, un hijo que aprenda a reír pero que también sepa llorar, un hijo que avance hacia el futuro pero que nunca olvide el pasado.

Y después que le hayas dado todo esto, agrégale, te lo suplico, suficiente sentido de buen humor, de modo que siendo serio pueda reírse de sí mismo. Dale humildad para que pueda recordar siempre la sencillez de la verdadera sabiduría y la mansedumbre de la verdadera fuerza.

Entonces yo, su padre, me atreveré a murmurar: 'No he vivido en vano'."

Gral. Douglas MacArthur

CLAVE
2

Desarrollo del ser
y el hacer
del hombre

Los valores

Los tan
mencionados
valores...

¿Qué significa la palabra valor? Según el contexto puede tener varias acepciones. Desde un punto de vista metafísico, se puede decir que SER Y VALOR son convergentes: "Todo lo que ES, por el hecho de SER, es valioso"; establece también que todo SER por el hecho SER, es: uno, verdadero, bueno y bello. Esta visión que vincula el VALOR y el SER establece que los seres valen de por sí, independientemente que alguien los valore o no.

Educación en
las virtudes...

Desde un enfoque antropológico, se puede establecer que el hombre siempre va en búsqueda de valores que perfeccionen su naturaleza en cierto modo incompleta, y a este proceso está abocada la educación. El hombre ordena sus actos con relación a su fin o intención, y lo que lo acerque a esto será valioso. Las virtudes intelectuales y morales son las más importantes y la educación en ellas permitirá alcanzar el punto más alto del espíritu.

Se debe tener cuidado pues desde el punto de vista ascético (del griego askein que significa "ejercitarse") se tiene:

Diferencia
entre valor
y virtud...

"Toda virtud es un valor pero no todo valor es una virtud". Esto quiere decir que la virtud es una realidad que posee quien la conquista, está en la persona, en cambio todo objeto por el hecho de ser, es valioso.

En el ámbito de la educación familiar, cada uno de los miembros, a través del ejercicio de las virtudes alcanzará la obtención de los valores.

Las virtudes...

Existen virtudes que acompañan a cada esfera de valores, por ejemplo:

-para los valores económicos, la virtud de la sobriedad y la generosidad;

-para los valores físicos, la virtud de la templanza;

-para los valores sociales, la virtud de la responsabilidad;

-para los valores afectivos, la virtud de la amistad;

-para los valores intelectuales, la virtud del esmero en el estudio;

-para los valores estéticos, la virtud de la prudencia y de la magnanimidad;

-para los valores morales, la virtud de la fortaleza y de la justicia;

-para los valores religiosos, la virtud de la religiosidad y la Fe, la Esperanza y la Caridad.

LOS VALORES

Papá, mamá; educador: ¿Cómo fomentas cada una de estas virtudes en la formación de tus hijos?

Hay que enseñar a los hijos a valorar y esto se realiza en el ámbito familiar, el cual es insustituible en el hecho de enseñar los valores y realizar obras valiosas. Sin embargo hay que tener cuidado con los disvalores.

Consecuencias de los disvalores...

Se pueden encontrar los siguientes disvalores:

❖ *Disvalores económicos.* Si se va tras ellos como el único valor de la vida, se cae en la esclavitud del afán de lucro, que llega a la avaricia sin importar los medios utilizados para enriquecerse.

❖ *Disvalores físicos.* Por un lado las ideas obsesivas por el cuidado de la salud pueden parar en enfermedad como la hipocondría o depresiones profundas.

❖ *Disvalores sociales.* El prestigio, la "imagen" y el poder, por sí mismos son efímeros. Frecuentemente los famosos que no saben manejar el éxito, tienen un triste final.

❖ *Disvalores afectivos.* Los enamoramientos platónicos o eróticos que no llegan a feliz término, por la traición de alguna de las partes, desencadenan la violencia, el crimen, el suicidio, o el duelo.

❖ *Disvalores intelectuales.* La ciencia que no acepta normas éticas puede conducirnos a la soberbia intelectual, a la muerte, o al holocausto de toda la humanidad.

❖ *Disvalores estéticos.* "El arte por el arte", desvinculado de los demás valores, conduce al vacío, a la nada.

❖ *Disvalores morales.* Una sola virtud, que niegue su nexo con las demás, ya no sería virtud porque puede llevar al perfeccionismo, la imposición y a la soberbia.

❖ *Disvalores religiosos.* El fanatismo es aquel que se polariza hasta tratar de imponer el propio credo por la fuerza, sin respetar la libertad de las personas.

El peligroso Tener...

"Tener" por el "Ser". Actualmente es verdaderamente alarmante conocer el punto de vista de los jóvenes, respecto al concepto que tienen de felicidad. En pruebas aplicadas, los resultados establecen que el 95% de los jóvenes encuestados, contestan que la felicidad será alcanzada por ellos cuando tengan: casa, autos, posibilidad de viajar, dinero, etc. (disvalores económicos); y sólo el 5% contesta que será feliz cuando sea buen hijo, buen profesional, buen padre, buen ciudadano, etc. Lo que indica que la mayor parte de la juventud, hoy día, basa sus metas en el TENER, dejando totalmente relegado el SER. Los educadores de las nuevas generaciones son los responsables de revertir este proceso. Formando en VALORES, donde el hombre y la mujer se quieran a sí mismos por lo que valen como personas.

Afectividad y emoción

El aprendizaje de la mano con la emoción...

En el proceso de aprendizaje, la emoción y la afectividad juegan un papel verdaderamente determinante. Cuando existe alto grado de estrés negativo en el ambiente, en el cerebro se bloquea el proceso mental del aprendizaje. Este proceso por ejemplo, se verifica cuando se crea un ambiente negativo y de tensión al momento en el que el niño o el joven está realizando su tarea y probablemente, después de varias horas de "tortura", el niño o el joven termine el repaso vespertino;

El aprendizaje de la mano con la emoción...

sin embargo, la captación del conocimiento quedará superficial y poco accesible en el momento en el que el individuo lo necesite aplicar. Al contrario, en el momento en el que el ambiente de aprendizaje del niño o del joven, se torna agradable y motivador, el cerebro crea nuevas asociaciones mentales que ayudan a que el conocimiento sea procesado, de manera que pueda traerse a la conciencia fácilmente y en el momento en el que el individuo lo requiera para manejarlo.

El ser humano un ser social. Por propia naturaleza somos entes sociales, por lo que, enseñar a las nuevas generaciones el manejo y las manifestaciones de afecto, dará la posibilidad de convivir con seres más felices.

Las manifestaciones afectivas...

Hoy todavía existen niños que son educados por sus padres en actitudes y manifestaciones afectivas, erróneas; así, hay padres que educan a sus hijos varones a que no los saluden de "beso", porque se pueden volver "maricones" (homosexuales). Un niño necesita sentir y manifestar su cariño, y el que le cierren ese canal afectivo, bloquea su proceso de comunicación, quedando en su interior una grave carencia, que se manifestará a lo largo de su vida en diferentes respuestas (que denotan algunas de ellas ese vacío interior).

Se debe otorgar a la niñez y juventud la oportunidad de manifestar sus sentimientos, logrando que ellos identifiquen sus distintas emociones para que se conozcan a sí mismos y, además, tengan la oportunidad de la reflexión sobre sus reacciones, de manera que cuando sus respuestas tiendan a ser violentas, ellos aprendan, antes de actuar, a respirar profundamente y a pensar cuántas opciones tienen para manifestarse y elijan la que más recursos les otorgue para la solución del conflicto.

Claves para reflexionar

Promueve la cultura de lo necesario, no de los excesos.

Promueve el que tu hijo se desprenda para dar a los demás, por propio convencimiento, sin forzarlo.

Promueve la creación de lazos fuertes de amistad, donde se practique el dar sin esperar recibir, sólo buscando el bien del otro.

Promueve el hábito del estudio, a través del trato suave, del convencimiento y el alcance de retos.

Actúa con justicia, es un ejemplo para los niños.

Motiva para que manifiesten sus emociones y sus afectos.

Aprende a recibir el cariño de los hijos: es el alimento del alma.

Claves de aplicación

Dentro de la misión familiar se deben de aclarar los valores sobre los cuales la familia gira, así como las virtudes que se practicarán. Se puede realizar un "código de honor" o "las reglas del juego" de manera que todos participen en su elaboración, para que todos se comprometan a cumplirlo.

Antes de reprimir o regañar, encuentre una empatía, identifique el sentimiento que manifiesta el niño, encuentre la necesidad que lo motiva y realice una petición que involucre una mejora.

Algo para disfrutar

Cuando abrimos los ojos cada mañana y nada pasa
por nuestra mente, sólo pensamientos de quehaceres inmediatos,
que no tienen que ver con lo profundo de los sentimientos
hacia las personas que amamos,
vivimos el tiempo sin trascendencia, sin
dejar huella, un vivir por vivir.
Nosotros no merecemos este destino de poco valor.

Propongámonos pues, forjar una intención cada mañana,
Para que mente y corazón, trabajen juntos;
Para que realicemos nuestra diaria labor con alegría,
Con optimismo, con la seguridad de saber que en ello
Va nuestra esencia, sentimiento y voluntad,
Que a cada ser humano con el que nos topemos,
Le dejemos ese mensaje de humanismo único en el universo.
Para que cuando cerremos los ojos algún día, sólo
Exista la paz, ejemplo y satisfacción de haber vivido
Y disfrutado el amor:
A lo que hacemos,
A lo que somos,
Y a los que nos rodean.

Elisa Patricia Chávez Rosas

CLAVE
3

Rescata al niño que hay en ti

En el proceso de crecimiento, poco a poco el ser humano va adquiriendo distintos roles de comportamiento según la edad, sin embargo durante dicho proceso, imperceptiblemente, se traspasa el umbral de "la vida adulta", donde los "años de experiencia" proporcionan el juicio, el discernimiento y la razón. El ser humano adulto, apaga aquellas emociones espontáneas, aquellas sensaciones de inquietud, para convertirse en un ser controlado, rígido, que conoce "de verdad" cómo es la vida.

Revive tus sentimientos...

El "rescate del niño que hay en ti", se refiere a la reflexión necesaria, con respecto a retomar aquellas características que han poseído todos los seres humanos cuando niños, para revivir sentimientos, emociones afectivas, etc., que no se tienen que ocultar sino saber manifestar, de manera que el hombre y la mujer sean más auténticos y felices y que prodiguen esa felicidad a los que los rodean.

Las virtudes...

Al rescate

Algunos aspectos propios de la infancia que se deben rescatar son:

La espontaneidad. Muchas veces "el qué dirán" detiene a los adultos a aventurarse a manifestar espontáneamente, un chiste, una felicitación, un consejo, un reconocimiento. El niño es espontáneo, habla su yo interno y lo hace actuar, ese yo interno en el adulto es el inconsciente, quien durante toda la vida nos aconsejará qué hacer, y qué decisiones tomar, si sabemos interpretar sus mensajes. Las herramientas que otorga la programación neurolingüística vienen a proporcionar información para establecer un vínculo de comunicación con el inconsciente.

La curiosidad. Los niños son naturalmente curiosos, son investigadores natos, pero a través de su paso por los sistemas educativos y la formación poco estimulante de la familia, van perdiendo esa inquietud por saber, por conocer más...

La mente siempre busca nuevas opciones...

Los procesos educativos actuales (tanto en la casa como en la escuela) deben proveer, a través de técnicas y dinámicas pedagógicas, elementos para que se estimule a la mente de los niños a "buscar siempre nuevas y mejores opciones" de todo aquello que le rodee.

La demostración de sus emociones. Un pequeño difícilmente puede ocultar sus emociones, casi siempre es abierto y sincero. Son los adultos, quienes a través del ejemplo, les muestran a los niños que, bajo ciertas circunstancias, se deben ocultar los sentimientos y las manifestaciones de los mismos, por ejemplo:
"Los hombres no lloran".

Educar en el arte de sentir...

Son los adultos quienes en ocasiones promueven "la mentira" como un sustituto de un "canal de confianza" entre la comunicación del educando y el educador.

Son también algunas tradiciones culturales las que marcan los comportamientos y pensamientos de las personas durante su crecimiento, por ejemplo, los refranes: "A las mujeres ni todo el amor, ni todo el dinero", "árbol que crece torcido, jamás su tronco endereza, pues es de naturaleza el vicio con que ha crecido".

Educar en el arte de sentir y comunicar el afecto al prójimo, debe constituir hoy en día una búsqueda incansable del individuo, que, dándose cuenta de la desintegración afectiva y de los niveles de deshumanización que existen, ha decidido rescatar la autenticidad, la sinceridad y las manifestaciones de cariño, no sólo en cuanto a la reflexión de qué acciones se deben tomar hoy con los niños, sino permitir que el adulto actual, desaprenda y reaprenda, para que se otorgue nuevamente la oportunidad de sentir, "con todo su ser" sus relaciones con los demás.

¿Crees que puedes darte nuevamente la oportunidad de sentir?

El niño es un luchador incansable e invencible. ¿Qué edad se tiene, cuando nadie nos detiene, y el mundo es pequeño para conquistarlo?, ¿qué edad se tiene donde se desea ser héroe, y se tiene el poder y la voluntad de vencer cualquier adversidad? ¿Qué edad se tiene para tener un ideal y no decaer, hasta obtenerlo?

Qué bonito contestar a estas preguntas "A cualquier edad"; pero ¿a qué edad limitan al niño y tachan de imposibles sus metas?, ¿a qué edad se escucha: "Pon los pies sobre la tierra, tu realidad es y será siempre esta que te rodea".

La diferencia entre los héroes y los que no lo son, es que los primeros mantuvieron su sueño vivo, pese a las adversidades, lucharon con perseverancia extrema por lograrlo poniendo en esa lucha: mente, corazón y voluntad. Y los segundos vivieron siempre limitados y programados a la mediocridad.

Los adultos a veces aconsejan mal...

Los pequeños no conocen el rencor. Los niños se pelean o disgustan y al poco rato nuevamente son tan amigos como siempre. ¿Pero, qué pasa cuando alguna de estas criaturas comenta a papá o mamá, su riña o altercado? Los adultos inmediatamente realizan un juicio y lo trasmiten al niño, sembrando en él su radical punto de vista; algunos ejemplos son:
- ❖ Si te pega, pégale. Ojo por ojo y diente por diente.
- ❖ No te dejes.
- ❖ No le hagas caso, te tienen envidia o coraje.

La situación puede empeorar cuando los adultos hacen propia la diferencia que tuvieron los chiquillos, haciendo el problema mayúsculo, haciéndoles ver cada uno a sus hijos los grandes inconvenientes que existen, si se siguen juntando con el niño con el que tuvieron la dificultad. De esta forma se siembran odios entre familias que pueden durar años y a veces generaciones enteras.

¿Conoces o has oído hablar de alguien que actúe de esta manera?

A los niños se les debe dejar que resuelvan sus problemas por ellos mismos siempre y cuando se trate de diferencias con niños que sean más o menos de la misma edad. Y cuando la dificultad que se presente, sea entre niños cuya diferencia de edad sea grande o inclusive con un adulto, se debe dejar que el niño resuelva su situación, siempre bajo la vigilancia estrecha de una tercera persona adulta, que vigile que no se actúe con ventaja.

Es un buen reto de crecimiento personal y señal de madurez, el poder desechar el rencor del alma y aprender a hablar sin prejuicios y sin herir a las personas con las que se convive.

Siempre hay que motivar sus sueños…

Los niños persiguen sus sueños. Todos los niños tienen grandes aspiraciones con respecto a algo que desean en su futuro. Pero son los adultos quienes se encargan de hacerles ver: "que los sueños, sueños son", creando limitantes y forzando en infinidad de ocasiones, a que los niños se inclinen por el mismo oficio o carrera profesional que estudió el padre.

Será responsabilidad de los educadores el crear, ajustar y fortalecer esos sueños que los niños quieren alcanzar, de manera que se sientan apoyados y motivados a seguir soñando.

Es imprescindible que el adulto vuelva a disfrutar el tener sueños, por los cuales luchar, que lo saquen de la rutina y le planteen retos a vencer.

Como mamá, papá, educador, ¿realmente estimulas sus sueños o los destruyes?

Se ha promovido la creatividad...

Los niños son creativos. Se entretienen fácilmente con cualquier objeto, como puede ser una caja de cartón, cartulinas, cuerdas, crayones, etc. (Sin importar que los papás compren y compren, empeñando "hasta la camisa" con tal de proporcionar a los hijos los juguetes de última moda, los cuales les llaman la atención, cinco minutos y después los arrojan por ahí). Esto se presenta como un ejemplo de que el ser humano es creativo por naturaleza. Todo lo que lo rodea constituye una manifestación de aplicación de la creatividad del hombre, en pro de la comodidad y de tratar de mejorar la calidad de vida de las personas.

"El futuro requerirá personas altamente creativas"...

Sin embargo, el paso de los niños por la educación básica, media, media superior y superior en los sistemas educativos actuales ha hecho que la creatividad no se manifieste, porque el discurso con el que se ha trabajado hasta ahora, es "sacar alumnos como en una línea de producción" donde lo importante es que adquieran conocimientos de forma homogénea, sin motivar un "pensamiento creativo," que lleve a la búsqueda de un sinnúmero de opciones para superar los retos a los que se enfrente el individuo.

¿Cómo fomentas la creatividad en tus hijos?

"La creatividad es el alimento de la mente"...

Actualmente el proceso de reclutamiento de personal realizado por el departamento de Recursos Humanos de empresas importantes, elabora "tests" donde lo que se analiza es qué tanto utiliza el individuo el hemisferio derecho (donde se encuentra ubicada la creatividad). Bajo la perspectiva de que creatividad es la habilidad de los seres humanos de detectar el problema y proponer soluciones viables.

Se debe poner en marcha un plan estratégico, para que, a través de diversos ejercicios, los adultos recuperemos y practiquemos más la creatividad.

La discriminación, ¿se enseña?...

El niño no discrimina. Acepta a todos por igual, sin importar edad, condición social o económica; si se encuentra a otro niño en la calle, es su igual, otro como él.

Son los adultos los que marcan "las diferencias", creando un "disgusto" y "alejamiento" de la pobreza, la enfermedad y la discapacidad.

Hay que dejar que los niños se expresen, que manifiesten su caridad y sentido de ayuda, su compasión y piedad por el prójimo. El adulto debe darse la oportunidad de rescatar esta cualidad, convivir con seres humanos, marcados por diferentes historias y situaciones. La recomendación es: "Ayuda a todo aquel que a cada momento te otorgue la oportunidad de hacerlo". Es importante que el ser humano rescate a su niño, para tener otra perspectiva de la convivencia humana. Ha quedado explícito que son los adultos los que a través del papel que les ha tocado vivir, "programan" a las siguientes generaciones a perpetuar modelos y situaciones que ya no son funcionales para enfrentar los nuevos retos de la humanidad.

Reaprende a rescatar al niño que hay en ti.

Claves para Reflexionar

¿Te has dado cuenta si estás matando o alimentando a tu niño interior?

¿Has pensado si con tu forma de educar estás deteriorando el niño interior de las personas a tu cargo?

Claves de Aplicación

Las siguientes son claves de acción inmediata, que te harán revivir: Entiende su mundo, introdúcete en sus juegos, colores, papel, pegamento, hilo, cuentas, etc. (de acuerdo a la edad del niño o niña).

Estimula su autoestima a través del reconocimiento por sus trabajos elaborados.

Date tiempo de escucharlo. Su mundo es fascinante, tú lo viviste alguna vez.

Algo para disfrutar

"Diez mandamientos de un niño para sus padres"

Mis manos son pequeñas; por favor, no esperes perfección cuando tiendo la cama, hago un dibujo, o lanzo una pelota. Mis piernas son pequeñas; por favor, camina más lento para que pueda ir junto a ti.

Mis ojos no han visto el mundo como tú lo has visto; por favor, déjame explorarlo, no me restrinjas innecesariamente.

El trabajo siempre estará allí. Yo seré pequeño sólo por un corto tiempo, por favor, tómate un tiempo para explicarme las cosas maravillosas de este mundo y hazlo con gusto.

Mis sentimientos son frágiles; por favor ponte atento a mis necesidades, no me regañes todo el día. Trátame como te gustaría ser tratado.

Soy un regalo de Dios; atesórame como Él deseó que lo hicieras, respetando mis acciones, dándome principios con lo cuales me enseñes disciplina amorosamente.

Necesito tu apoyo y tu entusiasmo, no tus críticas para crecer. Por favor no seas tan estricto, recuerda, puedes criticar las cosas que hago sin criticarme a mí.

Por favor, dame libertad para tomar decisiones propias. Permite que me equivoque, para que pueda aprender de mis errores. Así algún día estaré preparado para tomar las decisiones que la vida requiera de mí.

Por favor, no hagas todo por mí. De alguna forma eso me hace sentir que mis esfuerzos no cumplieron con tus expectativas. Yo sé que es difícil, pero deja de compararme con mi hermano, hermana o amigo.

No temas alejarte de mí por un fin de semana. Los niños necesitamos vacaciones de los padres, así como los padres necesitan vacaciones de sus hijos. Oriéntame espiritualmente, dándome el ejemplo.

Yo disfruto aprendiendo más sobre Dios.

Anónimo

CLAVE
4

Comunicación eficaz en la familia

E l proceso de comunicación a cualquier nivel, actualmente, tiene muchas deficiencias. Dentro de la programación neurolingüística se establece que: LA CALIDAD DE TU VIDA DEPENDE DE LA CALIDAD DE TU COMUNICACIÓN. Es por eso que el desarrollo de este capítulo se centrará en el nuevo conocimiento que proporciona la programación neurolingüística, el cual, aplicado, es capaz de cambiar la vida de las personas ciento ochenta grados, por lo que los educadores de las nuevas generaciones tienen la obligación de conocer los avances, que proporcionan posibilidades para un desarrollo humano excelente.

Este capítulo tiene la intención de introducir primero al lector en una práctica personal de la PNL para que, una vez que haya hecho suyo este conocimiento, lo vierta y aplique con las personas con las que desee tener una influencia positiva y motivadora.

Programación neurolingüística: la diferencia entre los genios y los que no lo son

¿Alguna vez ha pensado que puede transformarse en lo que sueña?

Está usted a punto de descubrir el secreto del poder, que puede llevarle a logros insospechados en cualquier meta que se proponga.

**PNL
¿Magia?**

La PNL, como se conoce a la programación neurolingüística, es una ciencia desarrollada en los años 70 a partir de las investigaciones de John Grinder y Richard Bandler quienes, basándose en estudios serios, crearon una TECNOLOGÍA SISTEMÁTICA sobre cómo lograr la excelencia humana no sólo por un breve tiempo, sino de manera permanente.

¿Cómo trabaja? La PNL trabaja a través de la modificación y programación de aquellas cuestiones que han sido grabadas en su cerebro y que no le ayudan a que tenga el desempeño que usted desea (patrones inconscientes).

La PNL entonces le ayuda a tener una comunicación con su "yo interno" (el inconsciente) y que es aquella parte de usted, que posee un gran poder y que regula o comanda la mayor parte de su persona.

El poder del inconsciente...

El poder ilimitado de su inconsciente, regula el ritmo de su respiración, el parpadeo, la presión de la circulación sanguínea, etc., es por eso que cualquier proceso de pensamiento o de lenguaje hará de inmediato una programación, que al grabarse en el cerebro producirá una reacción, que se manifestará en cambios fisiológicos, creando en la persona un estado determinado que puede ser: estimulante y útil o incapacitante y limitativo.

Los pensamientos positivos, una guía...

El secreto: La PNL establece que es muy importante tener pensamientos positivos porque esto provoca una comunicación afirmativa y positiva con el poder interno o inconsciente del individuo, que le permite conseguir un estado fisiológico y emocional que contribuye a lo que desea lograr.

¿Cómo provocas pensamientos positivos en tus hijos o educandos?

Ejercicio. Para comprobar en una práctica sencilla la influencia de la mente en la fisiología del cuerpo, siga las siguientes instrucciones: piense en un limón, usando su imaginación visualícelo, tome ahora un cuchillo y pártalo por la mitad, huela su aroma, levante una mitad del limón y deje chorrear su jugo en su boca, sienta su sabor. Terminado este ejercicio imaginario, perciba en su boca, qué cantidad de saliva generó, con sólo imaginar que estaba probando un limón.

Los estudios de PNL han demostrado que las personas tienen diferentes estrategias para percibir lo que les rodea.

Los seres humanos poseen tres canales de interacción con su entorno (excepto algunas personas con algún tipo de discapacidad):

* Canal visual
* Canal auditivo
* Canal sensorial

Habla en el mismo canal de tu interlocutor...

Sin embargo, en la mayoría de las personas predomina uno de los tres. Además de que los individuos perciben el mundo que les rodea a través de su canal de preferencia, resulta que también se comunican con los demás a través de este canal. Algunos ejemplos de palabras utilizadas en el lenguaje, de acuerdo a los distintos canales, se presentan a continuación:

Visual	Auditivo	Sensorial
viste	dijiste	sentir
mira	oye	estrechar
fíjate	habla	suave
nota	dime	contactar
observa	platica	agarrar

Se ha confirmado que si se conoce el canal de preferencia de la persona con la que se establece comunicación, y se utiliza el lenguaje acorde a ese canal, el proceso de comunicación es tan efectivo, que los problemas que se suelen tener con los demás, quedarán resueltos de manera satisfactoria.

Es importante tomar en cuenta que las personas no responden a la realidad, sino a la percepción que de ella tienen, haciendo representaciones de esa realidad, por lo que ven, oyen o escuchan. Por lo tanto, el marco de referencia que crea cada individuo es diferente.

Los marcos que nos encierran...

¿Cómo se pueden mejorar los procesos de comunicación, de manera que los marcos de referencia sean comprendidos por las personas que interactúan?

La respuesta: "Creando un modelo de precisión".

Este modelo de precisión se refiere a que, mientras se realiza el proceso de comunicación, se utilicen preguntas con base en: ¿qué?, ¿cuándo?, ¿dónde?, ¿cuál?, ¿quién? , de manera que, poco a poco se entienda y se conozca el marco de referencia de la persona con la que se está llevando a cabo este proceso, de manera que quede fuera de la jugada cualquier malentendido que pueda surgir. En este sentido, otra recomendación será que se utilice el PARAFRASEO, el cual consiste en repetir discretamente lo que el interlocutor está informando, de manera que se confirme el mensaje que se está trasmitiendo, sin lugar a desvíos.

Algunas claves para mejorar la comunicación

Convergencia mental. Aquí es importante mencionar el uso de la palabra "ESPECÍFICAMENTE", que ayuda casi de una manera mágica, al proceso de comunicación, ya que lleva a la formación de un pensamiento convergente; por ejemplo, si un chico tiene que entregar un trabajo de investigación sobre el tema de la "célula", puede observar un tema bastante amplio y complejo para estudiar, por lo que, si realiza una retroalimentación preguntando al profesor: ¿Específicamente sobre qué aspectos desea usted que se profundice en la investigación?; entonces , el profesor podría responder:

"Sobre las funciones de los principales organelos celulares", y con sólo haber realizado esta aclaración, el trabajo a realizar está mucho más dirigido y específico, lo cual redundará en un ahorro de tiempo, de esfuerzo, además de que lo estudiado se hará más profundamente.

Hablar en positivo. Dentro del proceso de comunicación es importante saber que el inconsciente es incapaz de captar la palabra: "NO". Por lo que siempre se tiene que hablar en POSITIVO, sobre todo cuando se den instrucciones. Por ejemplo, en lugar de decir: ¡No te subas!, la instrucción correcta, sería: ¡bájate!

Ejercicio: Durante las conversaciones que tenga con compañeros o amigos, pruebe la diferencia que existe si habla en negativo utilizando la palabra "NO" y después pruebe hablándoles en positivo. Observe la diferencia en sus acciones y en sus actitudes.

Convierte todo en oportunidad. Otra palabra que puede producir un "bloqueo mental" es la palabra: "PROBLEMA".

En cualquier contexto donde se encuentre, ya sea dentro de su vida escolar, profesional, familiar, etc., es importante sustituir la palabra "problema" por la palabra "OPORTUNIDAD". Cuando se usa la palabra "oportunidad" las opciones neuronales se abren a un sinfín de soluciones para resolver el caso, en cambio, la palabra "problema", cierra y obstaculiza el encontrar una solución.

Ejemplo: Cuando se dice: "Tengo un problema con mi novio (a)", en realidad la actitud de la persona es apesadumbrada, tristona, de bloqueo y angustia para resolver esa situación que surgió con la pareja. Todo cambia, si se plantea, en la misma situación de disgusto que tuvo con el novio (a), la opción: "Tengo la oportunidad de ser la mejor pareja que mi novio (a) haya tenido en su vida". Entonces el cerebro buscará incansablemente acciones que le lleven a múltiples opciones positivas para arreglar exitosamente la situación.

Pregúntate: ¿Cuántas veces utilizas la palabra: "problema" al día?

Aconseja afirmar: ¡Lo haré!

Hay que afirmar siempre: ¡LO HARÉ!

Otro buen consejo es utilizar las palabras: ¡LO HARÉ! Respecto a lo que se proponga, y elimine las palabras: "lo intentaré", "trataré", ya que "el intento" no asegura el resultado, en cambio la férrea voluntad todo lo logra, a través de una obediencia mental al compromiso por alcanzar la meta.

La creencia de los triunfadores

Todos pueden ser triunfadores si...

En el transcurso de la historia, ha habido hombres y mujeres que han desarrollado actividades a nivel de excelencia, por lo que su nombre ha quedado grabado para la posteridad, algunos de ellos coinciden en características que nos gustaría que algún día también fueran nuestras. La aplicación de "la creencia de los triunfadores", se basa en que las personas exitosas siguen una serie de estrategias que las llevan al triunfo; si estas estrategias son imitadas por cualquier persona "común", es probable que adquiera resultados inimaginables.

En PNL este proceso se llama "modelado".

Desempeño de excelencia

¿Hay relación entre respiración y desempeño?

La respiración. Es fundamental entender lo importante que es este proceso para el desarrollo físico y mental. ¿Sabe usted qué sucede cuando inspira aire?, la mayoría de las personas responde: entra oxígeno al organismo y sale bióxido de carbo-

¿Hay relación entre respiración y desempeño?

no. Sin embargo, una respuesta más profunda explica que ese oxígeno dentro de nuestras células provoca reacciones químicas de oxidación, las cuales hacen que se produzcan moléculas de ADP y ATP que son las encargadas de proporcionar al organismo energía para su funcionamiento total, como lo es la circulación sanguínea, la digestión, el pensamiento, etc.

Ejercicio: Imagínese que va de paseo el domingo por la mañana al zoológico, pasea y observa a los animales; en un momento determinado, se encuentra frente a la jaula de los leones y admirando a estas enormes bestias, de repente, se da cuenta que la reja está abierta y que un enorme león africano salta frente a usted. ¿Qué haría en primera instancia?

La mayor parte de las personas contestan: yo, correría muy rápido; otras aseguran: yo, gritaría; algunas más dicen: yo, me quedaría estático. Sin embargo, lo primero que haría, sería respirar profundamente.

De manera que, habiéndose llenado de aire, si usted se encontrara en esa situación y decidiera correr, lo haría tan rápido como jamás lo hubiera hecho, es decir que para cada acción que realiza el ser humano, extrema o no, necesita un buen aporte de energía, misma que la proporciona el oxígeno a través del proceso de respiración. Por lo tanto, una clave esencial para cuando se enfrente una situación difícil, como puede ser: realizar un examen, ganar una competencia, declarar su amor, hablar con su jefe o superior, etc., realice una serie de respiraciones profundas (tres a cinco está bien), y notará de inmediato que su fisiología cambia, que se siente diferente, con más "poder", con una fuerza interior que lo impulsa a un desempeño de excelencia.

¿Cómo hablar con el inconsciente?...

Otra clave fundamental para un desempeño de excelencia es la comunicación que la persona logre realizar con su inconsciente. En la medida en que aprenda a escuchar su voz interior, logrará metas inimaginables, ya que en el inconsciente es donde radica el "poder" y en el consciente la "organización". Erickson hace una similitud de esta situación de la manera siguiente: menciona que el inconsciente es como un brioso corcel, listo para lanzarse a correr, con toda energía, y que el consciente es como el ser humano que organiza su día, sin embargo ambos tienen que ir unidos en pos de una meta fijada. El ser humano generalmente va por la vida, a pie, jalando a su brioso corcel en lugar de montarse en él, formar una sola unidad y lanzarse a galope tras varias metas mucho más importantes y trascendentes, que las que había pensado alguna vez.

**Prográmese usted mismo; nada más cierto que la frase:
"Eres lo que tú crees que eres."**

El lema de la PNL es:

PUEDO, ES FÁCIL Y LO VOY A LOGRAR

*Prográmese
a usted
mismo...*

Carece de importancia qué tan grande sea su sueño, lo importante es que lo tenga fijo en su mente, encargando a su inconsciente que cada instante de su vida trabaje por alcanzarlo.

Ejercicio: Imagine que se encuentra en un día como hoy, pero dentro de quince años, y que en ese momento le va a escribir una carta a alguna persona querida a la cual no ve desde hace esa misma cantidad de años. Cuéntele sus logros emocionales, profesionales y económicos, describa con minuciosidad todo lo que posee, sentimental y materialmente hablando, contándole también con todos sus detalles, qué acciones tomó con cada sueño, para alcanzarlo. Guarde esta carta y revísela cada 6 meses o cada año, con la intención de verificar, qué de lo que soñó se está cumpliendo.

¿Tiene usted planeada su vida con 10 ó 15 años de anticipación?

¡Comience Hoy!

En dónde se aplica la PNL

Aplicaciones de la PNL...

En la mejora de las relaciones humanas en cualquier campo donde se realicen.

En todo tipo de negociación: padres e hijos, alumno-maestro, entre amigos, jefe-empleado, etc.

En el campo deportivo, donde se programa a los atletas, para que tengan un rendimiento máximo.

En el campo terapéutico, donde se ayuda a las personas a reprogramarse, de acuerdo a una necesidad determinada, donde también se pueden eliminar fobias, tratar adicciones y distintos tipos de enfermedades.

En ventas, donde se proporcionan herramientas a los vendedores para que la influencia en los compradores sea definitiva.

En educación, donde la PNL proporciona técnicas que programen positivamente a los alumnos favoreciendo el proceso de enseñanza-aprendizaje.

Claves para reflexionar

Claves...

Será casualidad que en la época en la que el hombre enfrenta su peor crisis existencial, han aparecido recursos como la PNL, la cual junto con otros factores pueden cambiar el rumbo inestable sobre el que se perfila la historia de la humanidad?

Claves de aplicación

Provoque pensamientos positivos, a través de pensar positivamente, recuerde que el ejemplo influye contundentemente en las mentes de los niños.

Llame la atención, diciendo la acción que desea que se realice, no lo que no quiere que se repita.

Tome conciencia de las palabras que utiliza para guiar, trate de mejorar este lenguaje usando palabras como: oportunidad, lo haré, si puedes, es fácil y lo vas a lograr, etc. Cree la visión a largo plazo en usted mismo y en sus educandos, de manera que su sentido de vida se fortalezca.

CLAVE
5

Impacto de los
medios de
comunicación

Lᴀ familia y la escuela llevan a cabo una importante acción educativa, pero también los medios de difusión ejercen una influencia definitiva en las creencias, actitudes y conductas de grandes sectores de la población. Es innegable la naturaleza pública de los medios de comunicación por su capacidad de formar opinión pública, por su carácter de agente central en la conformación de la cultura y por el valor de la información para la vida democrática.

La realidad que vivimos

Algunos datos para reflexionar...

En cuanto a los niños y la televisión:

Los niños ven en promedio 3 horas de televisión al día.

La programación infantil de los fines de semana contiene de 20 a 25 actos violentos, mientras que entre semana tiene 5 actos violentos por hora.

Los niños expuestos a programaciones violentas, son propensos a descubrir la violencia como una alternativa para solucionar sus conflictos.

Los niños que ven más de 4 horas diarias de televisión, realizan sus tareas con deficiencia, leen con baja atención, desarrollan poca creatividad para jugar con sus amigos y tienen menos actividades alternativas.

Los niños que ven más de 4 horas de televisión, se vuelven poco activos psicológicamente para realizar actividades extraescolares.

En promedio un niño ve más de 20 000 comerciales en un año.

Un niño ve aproximadamente una hora de comerciales por cada cinco horas de televisión.

La mayoría de los niños menores de 6 años, no comprenden que la intención de los anuncios es vender productos.

Los niños se han expuesto a 8 000 asesinatos y 100 000 actos de violencia antes de terminar la primaria.

Los niños aprenden 24% más de la televisión que de lo que aprenden en la escuela.

98% de las casas cuentan con una televisión por lo menos.

50% de los niños tienen un televisor en su recámara.

Los niños ven un promedio de 22 horas de televisión a la semana.

La mayor parte de este tiempo dedicado a ver la televisión se lleva a cabo sin la supervisión paterna (mediador).

La sociedad debe apelar a la conciencia y responsabilidad de los medios de comunicación para que se encuentren las vías idóneas para el uso positivo y autorregulado, que evite seguir alentando la cultura de la violencia, del desorden sexual y del menosprecio a los valores de la familia.

La demanda de mejora de contenidos que se exhiben en la televisión debe estar respaldada por la sociedad, por ello hay que prepararse para ser más críticos en lo que se elige ver, oír y leer.

El papel de los padres ante este problema

Actualmente los padres de familia (que en muchos casos ambos trabajan) tienen la inquietud sobre los peligros que encierra el que sus hijos se la pasen "viendo la tele". Las personas están conscientes de que demasiada televisión no es buena y que casi todo lo que ven necesita un filtro por parte de un mediador (los padres de familia) para que se entienda e interprete, sobre todo cuando se trata de programas con drama o humor.

Educador:
¿Enciendes la "tele" para que entretenga a tus hijos o realmente actúas como mediador de la información que reciben?

No se trata de aislar al chico o de prohibirle ver ciertos programas, sino de estar con él o ella y explicar cada una de las situaciones que aparezcan en la pantalla, pasando por los filtros de valores y virtudes que nuestra familia practica, otorgando un criterio, para que el niño o el joven, en el futuro inmediato, tomen la decisión de ver o no dicho programa.

Existen también algunos programas educativos para niños y jóvenes que proporcionan entretenimiento en forma creativa, pero lo más común es encontrar programación violenta y publicitaria, con lenguaje e imágenes que son demasiado sofisticados para su capacidad de asimilación. La violencia en televisión se ha vuelto más intensa en todos los sentidos.

¿Te es más "cómodo" dejar a los niños frente al televisor? ¿Intuyes las consecuencias que pueda tener esta acción?

Investigaciones realizadas en las últimas décadas demuestran claramente que los niños aprenden de la televisión. Sin descartar la vigilancia que los padres deben tener hacia sus hijos en el uso de los medios, se debe encontrar una forma simple y efectiva para enseñar a las nuevas generaciones cómo seleccionar y asimilar lo que ven, oyen y leen.

El remedio

La importancia del mediador...

Partiendo del hecho de que los niños aprenden de la televisión, tomando ideas, información, patrones de conducta, etc., hay que reflexionar sobre el hecho de que no importa qué tanta televisión vean los niños, sino que deben:
APRENDER CÓMO VERLA, creándoles a través de nuestras interpretaciones, conversaciones y actividades diarias una actitud evaluativa sobre los comerciales y sobre diversos programas que se transmiten, es decir, una actitud crítica frente a la información que se recibe.

Lo primero que hay que enseñarles a los niños es que lo que pasa en la televisión, no tiene nada (o casi nada) que ver con la realidad que se vive.

También necesitan saber que los problemas complicados no se solucionan en treinta minutos de acciones televisivas y en todo caso los actos en la vida real llevan consigo una consecuencia.

Vislumbrando el futuro

La televisión ¿enajena?...

Vislumbrando el futuro se tiene la inclusión de la televisión en la "supercarretera de la información" donde a través de este aparato se dará uso también a una computadora y a un teléfono. Por lo tanto cada día es más apremiante que padres e hijos se transformen en RECEPTORES CRÍTICOS, lo cual se puede lograr siguiendo estos consejos:

1. Con respecto a los programas donde se manejen actitudes negativas, violencia, maldad, etc., cuestione a sus hijos sobre lo que le aporta el recibir esas imágenes y sonidos y cómo a

través de lo que usted le ha inculcado se podría resolver el conflicto o la situación que se está analizando.

Numerosos estudios realizados han demostrado que los contenidos violentos producen en los receptores por lo menos alguno de los siguientes efectos:
❖ Ver la violencia como una solución viable a los problemas.
❖ Incremento de la agresividad
❖ Insensibilidad e intolerancia.
❖ Miedo y desconfianza.

Acciones que tomar...

Por lo anteriormente expuesto, es recomendable que cuando observemos en los niños alguna de las manifestaciones antes mencionadas, retomemos la conversación sobre el tema por el que están repitiendo patrones equivocados, ya que él o ella como personas son buenos, y capaces de dar una respuesta más de acuerdo a los valores y virtudes con las que ha sido educado. Se debe explicar que aquello que observan en la televisión es falso, ya que son actores y situaciones ficticias, adornadas con una serie de efectos especiales, excepto en los noticieros. Esta última explicación es importante sobre todo cuando los niños están en edad preescolar, para evitar que perciban a la televisión como una "caja de verdad" desde donde se presenta la realidad.

¿En compañía de quién, ve tu hijo la televisión?

2. Con respecto a los comerciales se debe hablar con los hijos respecto a la intención de los anuncios, a la irrealidad, que manejan con tal de que la gente compre, así como de la manipulación de que es objeto el individuo, en ocasiones a través de los mencionados comerciales.

También se deben explicar las consecuencias reales de los actos violentos que se ven en televisión, aun cuando ahí sean planteados como solución.

*Un recurso
el mediador...*

Es recomendable que el mediador contrarreste el bombardeo de noticias negativas y violentas con hechos reales, positivos y heroicos que también son parte de la realidad. Es importante promover la reflexión sobre, si la forma correcta de relación entre los seres humanos, pese a un cúmulo de diferencias, sólo se pueden arreglar con agresión y violencia.

Se debe evitar comprar juguetes a los niños y niñas que refuercen su admiración por héroes violentos.

Claves para reflexionar

*Lo blanco y lo
negro de la
televisión...*

Las características positivas de la televisión:
- ❖ Incrementa el vocabulario de los niños y las habilidades del lenguaje.
- ❖ Estimula el proceso de la memoria.
- ❖ Amplía la visión de los niños respecto de conocer lugares en donde tal vez nunca estén; y también con relación a personas que tal vez nunca conozcan.
- ❖ Otorga a veces el "punto de partida" para la conversación en familia respecto a temas importantes o trascendentes.

Características negativas de la televisión:
- ❖ Produce una imagen irreal del mundo, estableciendo parámetros relativos de moral y "perfección".
- ❖ Limita la imaginación y creatividad de los niños.
- ❖ Influye en el desarrollo de aficiones e intereses para toda la vida.
- ❖ Transmite altas cargas de violencia, sexo e inseguridad.
- ❖ Envía mensajes subliminales.

Claves de aplicación

*Consejos clave
para ver la
televisión...*

Establece un horario y programas en los que se usará la televisión en casa, organizando el tiempo para verla alrededor de otras actividades, no al revés.

❖ Hay que procurar ver la televisión en familia para provocar comentarios e intercambio de ideas.

❖ Apaga el televisor cuando no lo estés viendo atentamente o sea, cuando estás realizando otras actividades.

❖ Ubica un solo lugar en casa donde se vea la televisión creando un punto de encuentro familiar.

❖ Selecciona una programación acorde con tu forma de pensar.

Los padres se deben convertir en ejemplos para sus hijos en los hábitos de uso de los medios.

Se puede aprovechar algún programa para fomentar la creatividad y la imaginación en los niños (por ejemplo pidiéndoles que inventen otro final del cuento que están viendo). También se puede fomentar la memoria, haciéndole preguntas sobre personajes o acciones que se dieron lugar en el programa observado. Entre estas recomendaciones está el hacer hincapié cuando vean los comerciales, en cuanto la diferencia que existe entre lo superficial y lo necesario, entre lo distinto que se ve el juguete que anuncian y lo que éste realmente es y hace una vez que se ha comprado.

Se debe crear una videoteca a la que se pueda recurrir con seguridad para sustituir la programación que puede ser riesgosa.

Se deben cultivar y fomentar diferentes formas de entretenimiento para que la televisión no sea la única alternativa, así como una actitud crítica frente a la "televisión como hábito," para que desde temprana edad el niño regule su afición por el televisor.

Se debe enseñar al niño a elegir la programación adecuada y a discernir sobre ventajas y desventajas de la elección.

Es buena idea pedir al niño que dibuje o escriba un cuento de lo que entendió de un programa. Así se sabrá lo que le impresiona y se sabrá lo que es oportuno aclarar o corregir.

Hay que animar y ayudar a los hijos a escribir cartas de felicitación y reclamo cuando un programa lo amerite.

Enséñale a tus hijos que existen otros medios por los cuales se obtiene información y que también dan entretenimiento, como son los periódicos, donde inclusive algunos traen secciones especiales para niños.

Se debe seleccionar con anterioridad el programa que se pretende ver y no prenderla y cambiar de uno a otro canal sin orden alguno, para encontrar "algo que ver".

Se debe cuidar la postura y la posición en la que se ve el televisor.

No se debe castigar, ni premiar con la televisión.

Evitar tener un televisor en cada recámara o cuarto de la casa.

Evitar dormir con el aparato encendido, es decir que sirva como "arrullo".

Hasta aquí se ha revisado lo concerniente al televisor por ser éste la influencia actual más relevante para los niños y jóvenes, además de prever que en un futuro no muy lejano, la Internet, que hoy habría que regular (sobre todo para niños pequeños en cuanto al tipo de información a la que se tiene acceso) estará integrado al televisor.

Lo importante de estimular otros canales...

Es importante promover otros canales de percepción en los niños de manera auditiva y sensitiva, por lo que alternando con la televisión, se deben escuchar audio cassettes con cuentos (para

*Todavía estamos
a tiempo...*

preguntarles algo a cerca de los personajes y las acciones que se realizaron), y con música donde se les pregunte sobre las sensaciones que sienten al oírla, etc.

Los medios creados con intención de unir, están ejerciendo en forma inadecuada su acción, por lo que se deben tomar medidas.

TODAVÍA ESTAMOS A TIEMPO

CLAVE
6

Comunicación con amor, la actitud como ejemplo

E s innegable lo que se hereda a los hijos, además de la importante carga genética, todo lo referente a un comportamiento determinado, actitudes, la forma de vivir las virtudes, los valores, el modo de enfrentar los retos, etc.

Sin embargo, ciegos a toda esta serie de factores heredados, se solicita a las nuevas generaciones que luchen, que sean perseverantes, que alcancen éxitos económicos y profesionales, que sean participativos, que colaboren para una democracia, etc.

¿Dé dónde se puede exigir tales cualidades? Si las generaciones encargadas de "educar" han errado el camino y se encuentran en "crisis". Sin embargo esta crisis, a diferencia de otras, es una "crisis consciente", es decir, que se conoce cómo corregirla.

La resistencia al cambio...

La resistencia al cambio...

Todos los seres humanos presentan de forma natural una resistencia al cambio, cuesta trabajo salir de la zona de "confort" y enfrentar otras opciones para lograr la mejora en la calidad de vida. Siendo la calidad de vida, aquella actitud positiva que lleva al ser humano a comunicarse armoniosamente con los demás, que se siente satisfecho consigo mismo, que se entrega a sus sueños y vive para alcanzarlos, permitiendo que las personas que lo rodean crezcan en capacidades, habilidades, otorgando a su diario vivir espiritualidad y ética.

Siempre existen opciones de mejora, sólo falta la voluntad para emprender, vencer el temor a lo desconocido y saber manejar las emociones negativas para comenzar un proceso de cambio, el cual puede tener como inicio la meta de propiciar la comunicación con amor y la actitud positiva como ejemplo.

La autoridad y sus límites

La autoridad y sus límites...

A los educadores les preocupa el manejo adecuado de la autoridad, es decir, ¿cuál es el límite en las acciones correctivas para lograr el respeto, la disciplina, el establecimiento de buenos hábitos, la responsabilidad, etc.?

Es común entender por acciones correctivas, aquellas que, a través de malos tratos, golpes, humillaciones y gritos, "enseñan" a los niños a dar cierta respuesta. Pero también pueden ser aquellas en donde impera la sobreprotección, el hacerse "de la vista gorda", la justificación, etc.

¿Cuál es la respuesta?: El justo medio, donde impere el amor, la reflexión y la comunicación.

*La autoridad
y sus límites...*

El amor no exime a un padre para que aplique un regaño al niño que acaba de realizar una acción negativa. La sabiduría se encuentra tanto en el mensaje que se dice, el tono en el que se expresa y el compromiso al que se llegue.

¿Cómo se alcanza esta sabiduría?, si se vive el problema de que los adultos mismos son incapaces de analizar sus sentimientos, su grado de estrés (provocado por las tensiones a que están sometidos) y han forjado ya, en su manera habitual de convivir una "rutina de regaño", la cual es activada por cualquier falta cometida por el niño dando lugar a un regaño estándar donde se manifiesta (casi siempre en el mismo orden) las acciones del grito o alarido del padre, el manazo o golpe, mientras se expresa un mensaje de humillación, generalmente culminando con un castigo reforzador. Se han "automatizado" los regaños.

La sabiduría en el regaño...

Si son distintas "faltas", distintas tendrían que ser las respuestas de los padres o educadores. Es importante que el consciente del padre, aprenda a leer las señales que envía su yo interno (inconsciente), con respecto al análisis del efecto que la acción correctiva realiza con el niño, ya que puede estar siendo eficaz o solamente cree un gran resentimiento; también puede provocar que no haya un entendimiento razonado del error, alzando entre padre-hijo poco a poco una barrera inexpugnable, que impedirá la comunicación entre dos seres que comienzan amándose en la infancia y terminan indiferentes u odiándose en la edad adulta.

El sentimiento de culpa...

El padre o educador sabe exactamente cuándo se "pasó de la raya", cuándo fue excesivo el regaño; pero a veces vale más el orgullo, que retomar de otra forma la situación generada y explicar al niño el porqué se le reprendió y por qué se usó tal o cual forma para hacerlo.

Obviamente existen casos extremos de violencia, con respecto a los cuales, la denuncia a las autoridades y el cuidado de los menores en otro ambiente y bajo otra tutoría es lo recomendable.

Otro extremo: la sobre-protección...

En el otro extremo, cuando los padres son incapaces de llamar la atención a los niños y practican la sobreprotección extrema, se cae en el desarrollo de un caos interior de la persona en formación, ya que desconoce los límites y las reglas con respecto a las cuales la sociedad maneja los valores y las virtudes, creciendo inadaptado, perdido e infeliz.

Si los niños regañan...

¿Los hijos pueden regañar? Se ha vivido con la creencia de que el padre o educador es el único capaz y con poder, para realizar la acción del regaño. Sin embargo es común que los seres humanos cometan errores, mismos que son captados de inmediato por aquellos que practican a diario la prueba y el error de sus acciones: los niños. Entonces cuando un niño se da cuenta de alguna falta cometida por alguno de sus padres, generalmente la actitud de éstos últimos es de rechazo a la observación y de recriminación al menor, por "atreverse" a notar la falla.

¿Qué pasa si el adulto admite su equivocación? Y agradece al niño indicar lo que es correcto. Se afirmarían las reglas, se fomentaría la comunicación y la confianza y se daría el ejemplo de cómo aceptar los errores y establecer una propuesta de cambio para mejorar.

Existen tantos detalles que los niños imitan de los adultos, que a veces se pierde conciencia de ello. Sólo se cae en cuenta de esos detalles cuando los niños, como imagen del espejo, repiten actitudes negativas. Por tal razón es indispensable analizar de cada situación donde se manifieste una actitud negativa en el niño, ¿qué existe detrás?, ¿qué lo pudo motivar?, ¿a quién imita?, ¿por qué lo expresa de esa forma?, etc. De manera que el padre se dé tiempo para realizar una reflexión profunda que le permita determinar qué provoca el comportamiento del niño y cuáles son las opciones que se tienen para contrarrestar la actitud que presentó.

La misión familiar

La misión...

La misión de la familia. Es un trabajo que inicia la pareja, idealmente desde antes de que lleguen los hijos. Esta es una misión donde se describen los acuerdos, los valores y las virtudes que reinarán en esa célula social. Cuando llegan los hijos, entran bajo la misma misión, pero a través del tiempo, la falta de conciencia y la inmersión en la práctica de la rutina, hace que se pierda la visión de la misión. Nunca es tarde para crear, bajo el eje rector del AMOR, una nueva comunicación entre los miembros de la familia donde aceptando la individualidad de la persona, se cree un "modus vivendi" desarrollador, emprendedor, de unión familiar, de apoyo y confianza.

¿Ya tienes clara alguna idea de misión para tu amada familia?

NUESTRA MISIÓN FAMILIAR ES...

Claves para reflexionar

Hay que tomar en cuenta...

Analice sinceramente cuáles considera que son sus principales defectos, observe qué características de éstos se repiten en sus hijos.

¿Cómo piensa usted que puede influir en ellos para que mejore la situación de ambos, respecto al defecto en cuestión?

Claves de aplicación

Se aprende a convivir y a apreciar a las personas, cuando se interactúa con ellas. Apague la compañía del televisor y promueva la convivencia familiar.

Hay que tomar en cuenta...

Se tiene que dividir la responsabilidad del regaño y las llamadas de atención. Hay hogares donde la frase común es: ¡Espera cuando llegue tu papá, y ya verás! El padre se convierte en el "ogro juzgador" cuando la responsabilidad de corregir es de ambos integrantes de la pareja.

Piense el daño mental que se puede provocar en el niño con la forma y las palabras que se usen durante el regaño. Consecuencias que usted compartirá a lo largo de su vida, por ejemplo: Si a través de la forma de corregir a su hijo, usted deteriora su autoestima, vivirá con un joven y un adulto inseguro por el resto de sus días.

En cuanto el niño tenga edad para comprender lo que es un "compromiso", establezca este tipo de interacción, que lleve a que el chico piense, analice, tome una decisión y sepa que si no es la adecuada, tendrá una consecuencia, que previamente se ha establecido con el padre o educador. Por ejemplo: "Está mal que lastimes a golpes a tu hermano cuando te enojes con él". ¿Entiendes que está mal o bien? ¿Por qué crees que está mal o bien? (De acuerdo a lo que se hable con él, se le hace ver que tiene otras alternativas, por ejemplo: avisar a mamá o papá, controlar su enojo, etc). Posteriormente se le da a elegir cuál opción le parece más aceptable, de acuerdo a las normas y acuerdos que existen de convivencia en la familia; una vez elegida, se establece el compromiso y la consecuencia: Si dejas de cumplir este compromiso de realizar la opción... la consecuencia será... es recomendable, también, que se dialogue sobre la consecuencia.

CLAVE
7

Hablemos de sexualidad con nuestros hijos

*Herramientas
para los
padres...*

E ste capítulo tiene la intención de influir en los padres y educadores para la búsqueda de una educación sexual adecuada, con la finalidad de que las generaciones venideras posean herramientas de información y formación que los lleven a vivir su sexualidad de una manera adecuada y feliz. Este esfuerzo tiene su inicio en la conscientización por parte de los padres de la necesidad de estar bien informados sobre todos los aspectos de este tema, así como de las herramientas pedagógicas con las que se puede contar, para enseñar correctamente a los niños y jóvenes lo que necesitan conocer sobre su propia sexualidad y cómo ejercerla. Otro aspecto fundamental, es el hecho de establecer un vínculo de comunicación y confianza entre padres e hijos o entre educadores y educandos, para que el ser humano en formación, siempre cuente con un apoyo seguro, que lo sabrá guiar y aconsejar en su proceso de crecimiento y ejercicio de su sexualidad.

Hablar de sexo o sexualidad, nos avergüenza (por lo menos a la mayor parte de las personas inmersas en la cultura latina). ¿Por qué?, porque así se nos educó.

Conforme se crece, los padres o educadores eligen lo que los hijos o educandos, "deben saber" y "deben ver", sin embargo esta postura ha llevado a un sinnúmero de jóvenes a enfrentar situaciones difíciles, donde por ignorancia, baja autoestima, etc., viven circunstancias adversas, que les destruyen la vida y sus ilusiones.

¿Cómo piensa usted que se debería realizar una correcta inducción, en la formación integral del ser humano, en lo que respecta a su sexualidad?

Los niños por naturaleza son curiosos e inquietos, y si además se le agrega la gran cantidad de estímulos visuales y auditivos que reciben actualmente a través de los distintos medios de comunicación, los chicos pronto comienzan a preguntar de manera natural y sin morbo, distintos aspectos sobre las relaciones de pareja. Y es de esta forma natural y sin morbo, como se debe responder al niño (a) su inquietud, siguiendo los tres pasos siguientes:

1. Responder únicamente lo que preguntó, con la verdad.
2. Hablar directamente y sin metáforas.
3. De manera breve y utilizando un lenguaje adecuado a la edad del niño (a).

Los niños no conocen el morbo, para ellos todo es natural. Los adultos comunican una información inadecuada y lo van creando en la mente de los menores.

La educación sexual en las escuelas...

Los programas de educación sexual, dentro de las escuelas, actualmente son fundamentales para que, teniendo conocimientos, los niños y jóvenes vayan sintiéndose seguros para enfrentar cada una de las etapas de su sexualidad que les toque vivir.

Causas que provocan conflictos...

Puede haber diversas causas que provocan conflicto en la vida de los jóvenes por no haber tenido una buena educación sexual. Una de las principales son los mitos y la "magia" que rodean a las relaciones sexuales, los cuales adquieren fuerza, dada la gran desinformación que existe sobre estos aspectos, aunado a los cambios fisiológicos provocados por el cambio hormonal en los jóvenes, además de la presión ejercida por los compañeros y amigos quienes incitan la premisa de que para pertenecer al "grupo" deben entrar al prohibido e inquietante mundo de la vida sexual activa, en el cual ya "todos lo hicieron".

Otra causa es la baja autoestima, la cual anula los propios atributos y valores, reprimiendo a la persona, y provocando que pueda fácilmente ceder ante una personalidad más fuerte, impidiéndole, decir: ¡NO!, y tomar decisiones adecuadas a tiempo.

Otro factor es la ignorancia, no refiriéndose con este término a que los jóvenes de hoy desconozcan lo que es una relación sexual (aunque dado el tipo de educación sexual que se otorga en las escuelas o el hogar esto también podría estar en duda), sino a toda la información sobre las consecuencias que rodean al hecho, de tener una relación sexual y la responsabilidad que se debe ejercer para responder a la pareja y a uno mismo, cuando se ha decidido llevar una vida sexual activa.

¿Sabe usted cómo educar a los niños y jóvenes para que enfrenten su vida sexual con éxito?

Algunas acciones para prevenir...

Sin alarmar, hay que hacer ver a los niños pequeños la importancia de la integridad de su cuerpo, de manera que ellos se cuiden y protejan de cualquier intento de agresión sexual, física o psicológica.

La confianza es un canal que se debe fomentar desde la niñez, para que los niños y jóvenes siempre se acerquen a pedir consejo, ayuda, apoyo, sin el miedo a ser castigados, criticados, vapuleados, golpeados o regañados violentamente. El fomentar la comunicación padres-hijos, desde los primeros años, sobre las relaciones que van estableciendo los niños y niñas con sus amiguitos, va formando una cotidianeidad en el interés que muestran los padres sobre las relaciones de los hijos, lo cual no llega a ser en la adolescencia una vigilancia, sino un interés natural fomentado desde la infancia.

¿Recuerda usted, la calidad de comunicación que estableció con sus padres, con respecto a sus relaciones de pareja? Si su comunicación sobre este aspecto no fue buena, ¿en qué cree usted que fallaron sus padres? ¿En qué falló usted mismo?

También es importante acostumbrar a los niños y fomentar en los jóvenes el que, cuando salgan con amigos lo hagan siempre en grupo de varios integrantes, lo cual provoca además de un intercambio interpersonal más enriquecedor, el que se cuiden unos a otros.

Muchas veces los jóvenes, para "atreverse" a tener una experiencia sexual, ingieren alguna bebida alcohólica para darse "valor" sin percatarse de que, lo que se están proporcionando es ceguera mental respecto a la conciencia de sus actos, de los cuales generalmente poco tiempo después se arrepienten. Se arrepienten, no exactamente por las consecuencias que pueda haber sino por no haber llenado sus expectativas creadas a través de los sueños sobre ese momento tan especial donde se sucede la "entrega" física y sentimental a otro ser.

¿Usted, como formador, ha imaginado siquiera, cómo va a orientar a sus hijos o educandos para encarar su "momento de decisión"?

Realmente como padres deseamos tener a los hijos protegidos con un capelo de todo riesgo que los quisiera tocar, sin embargo es un hecho que tienen que aprender a "volar", pero, ¿cómo impulsarlos al vacío con la seguridad de que detectarán las corrientes de aire que les impedirán caer, sabrán sortear los obstáculos que se les presenten en el camino, conocerán con certeza el camino de regreso al nido cuando así lo necesiten, aun cuando ya tengan un nido propio?, para ello los padres necesitan prepararse con conocimientos, amor y voluntad.

¿Sabe usted, cómo reaccionaría si encontrara sin querer entre las cosas de su hijo(a), revistas o videos pornográficos?

Claves para reflexionar

Claves...

Tómelo con calma, analice la razón por la cual no le comentó la existencia de dicho material, puede ser por miedo, por falta de confianza, por inseguridad, etc., fomente el canal de comunicación sobre el tema de la sexualidad, de manera de hacerle sentir al adolescente que no debe temer, que nosotros los padres siempre le daremos consejos que fomenten su sano crecimiento (físico y mental). Manténgase alerta sobre el destino de dicho material.

Claves de aplicación

Los padres deberán prepararse, cada vez que tengan la oportunidad de hacerlo, en todo lo referente al tema de la educación sexual.

Es importante que los padres y educadores se preocupen por encontrar materiales adecuados a la edad de los chicos, para explicarles las dudas que vayan surgiendo durante su crecimiento.

Cuando alguno de los padres tiene que responder a alguna pregunta que denote una inquietud sexual, y se encuentra con ellos un hermano (a) menor, los padres deben contestar siguiendo los pasos mencionados en este capítulo, sin separarlos o encerrarse en un cuarto con el hijo mayor para contestarle, ya que el menor no se involucrará a menos que en la respuesta exista algo que sea de interés para el momento que el pequeño está viviendo. Revise siempre los materiales con anterioridad, de modo que a usted le queden claros todos los conceptos que se manejen, antes de revisarlos con sus hijos o sus educandos. Trabaje arduamente en la formación integral de los seres humanos a su cargo, ya que una alta autoestima, una seguridad en el ejercicio de sus convicciones, y un proceso de reflexión y análisis mental antes de actuar, puede ayudar a las personas a una toma de decisiones congruente con las virtudes que se le han inculcado.

CLAVE

8

Del niño de hoy al hombre del mañana

¿Son los hábitos, decisivos...?

Es un hecho que las experiencias adquiridas en las primeras etapas de la existencia humana, impactan de manera importante el resto de la vida del hombre y de la mujer, por eso es crucial buscar mejoras en la calidad de vida y educación de la niñez.

Entre otros factores, los hábitos son esenciales para el desempeño exitoso de los seres humanos.

¿De qué forma se ayuda a que las generaciones futuras desarrollen hábitos que las lleven a ser mejores personas?

Cuando se habla de hábitos, generalmente el pensamiento se remite a "haceres", como puede ser el bañarse diariamente, lavarse los dientes tres veces al día, lavarse las manos antes de comer, rezar antes de dormir, etc. A estos hábitos les llamaremos, hábitos de acción. Sin embargo el ser humano continuamente presenta reacciones ante diferentes estímulos, que llegan a convertirse en hábitos, como pueden ser las reacciones ante los obstáculos que nos pone la vida, por ejemplo: la manera en la que se enfrenta un problema familiar, la forma de fortalecer o crear nuevas relaciones interpersonales, etc.

Estos patrones de respuesta o de reacción a menudo son interiorizados por los niños y jóvenes, y ellos mismos, en su vida adulta, generalmente repetirán dichos patrones, a este respecto, con frecuencia se escuchan las expresiones:

"Educo, como me educaron..."

"Enseño, como me enseñaron..."

Lo trascendente
de los hábitos
de formación...

Sin embargo, en la mayoría de los casos, lo anterior no asegura el éxito en el proceso educativo de los hijos.

Al reflexionar la máxima: " Somos lo que hacemos día a día, de modo que la excelencia no es un acto, sino un hábito" de Aristóteles, se debe ser consciente que además de los hábitos de acción, que se inculcan a los hijos (y en el caso de los educadores a sus alumnos), también se influye profundamente en el "ser" de los niños y jóvenes dejando en ellos "hábitos de formación" que los llevarán a presentar conductas que pueden ser desde muy positivas hasta no deseables, sin que la mayoría de los seres humanos se percaten conscientemente de los orígenes de esos comportamientos. Por lo tanto, es indispensable que los adultos analicen las respuestas y acciones que realizan en el desarrollo de su vida familiar, para que tomen conciencia de los hábitos que se pueden estar trasmitiendo.

Es necesario establecer estrategias para inculcar hábitos de formación positivos, como son:
• El amor al trabajo.
• El deseo incansable de aprender.
• La responsabilidad.
• El ver por el prójimo.
• La búsqueda del bien común.
• El tener una visión holística que proporcione múltiples opciones para enfrentar las adversidades.
• Poseer una actitud positiva frente a lo que nos depare la vida.
• El cumplir lo que se promete.

Claves de aplicación

Claves...

Para desarrollar hábitos de acción se recomienda crear un ORGANIZADOR DE ACTIVIDADES, que se encuentre a la vista de los niños y jóvenes y donde se revise continuamente su seguimiento:

MI ORGANIZADOR PERSONAL

	Lunes	Martes	Miércoles	Jueves	Viernes	Sábado	Domingo
Me levanto, me baño, me visto y tiendo mi cama							
Desayuno y me lavo los dientes							
Voy a la escuela							
Como mis alimentos y me lavo los dientes							
Hago mi tarea							
Realizo mi actividad							
Juego y esparcimiento							
Preparo mi material de mañana							
Ceno, me lavo los dientes, me duermo							

Para desarrollar hábitos de formación, se pueden aplicar las siguientes estrategias, teniendo en consideración que aquí sólo se plantean algunas ideas; cada persona, en cada familia, con el conocimiento de la historia, del desarrollo de las relaciones interpersonales internas, puede crear estrategias alternas que también proporcionen buenos resultados al inculcar este tipo de hábitos.

Expresar el placer de trabajar...

El amor al trabajo: Se inculca con el ejemplo, pero no solamente a través del hecho de que los padres tengan un empleo, sino como lo vivan, es decir como se expresen de ese tiempo que pasan fuera de casa, ganándose el pan. Si el padre o la madre expresan el placer que les proporciona el desarrollarse laboralmente, la satisfacción que obtienen al lograr metas en su trabajo, etc., el niño o el joven quedará invitado a participar lo antes posible en ese mundo productivo que otorga tantas satisfacciones; por el contrario, si los padres al llegar a casa, lo único que hacen es quejarse de lo que vivieron cada día en su trabajo, lo que están creando es una expectativa negativa de este ámbito de desarrollo humano.

Del trabajo en casa...

Dentro de las múltiples labores que se necesita realizar en el hogar, es imprescindible hacer que cada miembro de la familia posea una responsabilidad como un "trabajo familiar" con el que se debe cumplir, "vendiendo" la idea a los niños primero como un juego, donde es sumamente importante su participación, buscando aquella actividad que sea idónea según la edad que posea el menor.

Siempre aprender a partir de los aciertos...

El deseo incansable de aprender: Un consejo fundamental es estar muy pendiente de los comentarios que el niño o el joven formulen, ya que no se debe desperdiciar ninguna oportunidad para recalcar en ellos algún detalle que signifique que están aprendiendo, y que eso que están aprendiendo es útil y a veces vital.

*Siempre
aprender a
partir de
los aciertos...*

Otra aportación es que, cuando el niño llegue con un comentario negativo respecto a una asignatura determinada o a algún conocimiento en específico, es importante retroalimentarlo con la aplicabilidad que puede tener aquello que rechaza, además de buscar aquel aspecto que tenga algún significado importante para él, para que el comentario que le hagamos pueda tener oportunidad de provocar una reflexión de su parte.

Otro consejo es que, como padres posean la inquietud de investigar y estudiar diversas herramientas pedagógicas, como las que puede proporcionar el aprendizaje acelerado, para que el niño, niña o el o la joven, tengan la oportunidad de aprender de forma divertida, efectiva y permanente.

También es fundamental aplaudir sus logros y dar el reconocimiento merecido a sus esfuerzos. La responsabilidad de los padres y educadores es guiar, no maltratar, afirme siempre los logros positivos y aconseje cómo mejorar los negativos, siempre en este orden.

La responsabilidad:

¿Puede decir, específicamente, cómo se formó en usted la virtud de la responsabilidad?

Probablemente la respuesta o las respuestas puedan coincidir con las siguientes: la responsabilidad se formó en cada uno de nosotros, tal vez, cuando se nos dejó hacer algo solos y teníamos el compromiso de cumplir o lograr la meta fijada, desde quizá un acto tan simple, como aquel que realizamos siendo pequeños, al decir: mamá, déjame servir el agua en los vasos, yo puedo hacerlo. O tal vez cuando más grandes, tuvimos que cuidar a un hermano más pequeño que nosotros. Tal vez la responsabilidad se finca cuando sabemos la importancia y efecto que pueden tener nuestros actos, si no cumplimos nuestro compromiso. Tal vez es nuestra naturaleza de compromiso, la que afirma nuestra autoestima. ¿Pero qué pasa entonces con los irresponsables?, ¿qué falló en su proceso de formación? Lo que falló fue la falta de cumplimien-to de los compromisos, el vivir rodeado de promesas falsas, el haber perdido su visión y misión de vida, además de haber aprendido modelos y patrones en los cuales se niega la responsabilidad y que muchas veces manejamos los adultos. Negamos la responsabilidad de nuestros actos cuando atribuimos su causa a:

-Fuerzas difusas e impersonales:
    Arreglé mi habitación, porque tenía que hacerlo.

-Nuestra situación, un diagnóstico o nuestro historial personal
  o psicológico:
    Bebo, porque soy alcohólico.

-Lo que hacen los demás:
    He pegado a mi hijo porque ha cruzado la calle.

-Órdenes de autoridad:
    Mentí al cliente, porque mi jefe me ordenó que lo hiciera.

 -Presiones de grupo:
    Comencé a fumar porque todos mis amigos lo hacían.

-Políticas, normas y reglas institucionales:
    Tengo que expulsarte por esta infracción porque es la política de la escuela.

 -Impulsos irrefrenables:
    Me venció el apetito de comer dulces y me los comí.

¿Conoce usted a alguien así?

Participe en los compromisos...

Realicemos compromisos con los hijos y educandos y velemos por el cumplimiento de los mismos o de las consecuencias si no se cumplen. Evitemos prometer aquello que no podamos cumplir. Otorguemos tareas (primero sencillas para los niños pequeños) de las cuales los hijos o educandos sean los responsables de realizar, como parte de la contribución de las tareas del hogar o de la escuela. Participe con la familia en algún programa de ayuda social, como el establecimiento de la responsabilidad que se tiene con la humanidad.

Que resurja el humanismo...

El ver por el prójimo: Generalmente cuando se habla de "el prójimo", solemos referirnos a personas ajenas a nuestro círculo; sin embargo, prójimo se refiere a cualquier persona que nos rodea, desde con las que convivimos diariamente, hasta aquellas que nunca hemos visto ni conoceremos jamás.

Lo que se debe enseñar a las nuevas generaciones, es el fenómeno de la inclusión, no de la discriminación, así como el derecho de igualdad.

Algunos consejos son: Otorguemos tareas del hogar a los niños y niñas, indistintamente, es decir, sin importar el factor de género, así por ejemplo, un niño, podrá ayudar a lavar platos.

Si los adultos discriminan a otra persona, por su distinto estrato social, económico, religión, enfermedad, etc., los niños y jóvenes aprenden y repiten las acciones de sus padres en la mayoría de los casos.

Por lo tanto, el adulto debe manejar estas situaciones con mucho tacto e inteligencia, para dejar una formación sólidamente humana y ética.

La búsqueda del bien común: Si algún miembro de la familia recibe un beneficio, ¿cómo lo va a compartir con los demás?

Es muy importante que parte de la cultura familiar que se fomente, incluya el compartir juntos el gozo o satisfacción que proporciona el que alguno de sus miembros haya realizado algo sobresaliente, de manera que se le haga sentir que compartimos con él o ella, el sabor del éxito. También entonces se aprenderá a compartir momentos difíciles, donde el apoyo que otorgue toda la familia al miembro afectado, puede ser fundamental para salir adelante.

La búsqueda del bien común: Parte de la problemática que vive el ser humano del siglo XXI es el egoísmo en el que ha sido formado, pocas son las culturas que todavía practican el vivir para el bien común. Le hemos fallado a la naturaleza, pues en todas las especies procura la sobrevivencia de las mismas. El hombre ha sido más cruel que ningún otro ser, con él mismo, la naturaleza no perdona, retomemos la visión de nuestra existencia en el planeta, para tener posibilidades de permanecer en este hogar llamado: PLANETA TIERRA.

Inculquemos en los niños la trascendencia que pueden tener sus actos, en gran escala, de manera que se acostumbren a pensar en las consecuencias que puede provocar cada una de sus acciones. Ejemplo: Explicarles las implicaciones y consecuencias que puede tener el que tiren basura en la calle.

El tener una visión holística para resolver situaciones adversas: Cada vez que se tenga oportunidad se debe señalar al niño o al joven las múltiples opciones que tiene para enfrentar cualquier situación. Esto provoca que él o ella crezca con un análisis mental integrado, el cual le permitirá dejar de obsesionarse en callejones sin salida, y siempre tener "ases bajo la manga" que le permitan salir adelante. Ejemplo: si un pequeño comenta a sus padres que se peleó en la escuela con un compañero, comúnmente otorgamos una opinión cerrada: ¡Acúsalo con la maestra!

No enseñamos a ir más allá: ¿Por qué surgió el problema?, ¿cómo sucedieron los acontecimientos?, ¿en qué términos finalizó el conflicto?, ¿qué actitud puede tomar él frente a la situación?, ¿cómo desea él que se resuelva?, ¿qué tipo de relación le gustaría mantener con ese compañero y con el grupo al que pertenece?, ¿qué consecuencias puede haber si continúa la riña con este compañero?, ¿qué virtudes posee, que puede aplicar para ayudar a que la situación mejore?, etc. Independientemente de crear una visión amplia con múltiples opciones para resolver un conflicto, promovemos el crecimiento en la habilidad de la toma de decisiones.

Usted mismo, ¿realiza un pensamiento de visión holística y múltiples opciones para resolver sus conflictos, tanto personales como laborales?

Cada quien tiene la decisión...

Poseer una actitud positiva: ¿Cómo podemos trasmitir este factor vital para una vida feliz y productiva, aparte de con el tan mencionado "ejemplo" por parte de los formadores? Es con acciones, como la de hacer reflexionar tanto a los niños como a los jóvenes, que cualquier circunstancia que enfrenten, tienen siempre la opción de hacerlo con una actitud negativa o una actitud positiva, y que será esta última, la única capaz de proporcionar una apertura mental de opciones que será mucho más satisfactoria y eficaz.

¿Señale usted, en una escala del 1 al 10, cómo evaluaría usted su actitud general ante la vida?

Actitud negativa 1 2 3 4 5 6 7 8 9 10 Actitud positiva

*Lo que se
promete...*

El cumplir lo que se promete: El cerebro aprende cada instante de nuestra existencia, por lo tanto, cada promesa que los padres y educadores dejan de cumplir, marcan en el cerebro patrones de acción que se repetirán, creando un ambiente emocional de incredulidad e inseguridad. Por eso es fundamental que los padres y maestros mediten siempre las promesas que harán (tanto positivas como negativas).

*La relajación,
un recurso...*

Otra clave de aplicación es enseñar a los niños y jóvenes a relajarse: Es muy bueno practicar procesos de relajación, junto con los niños y adolescentes utilizando la técnica de "tres respiraciones profundas".

Hay que enseñarles que para enfrentar momentos difíciles es importante realizar tres respiraciones profundas de acuerdo al siguiente esquema, logrando que cada etapa, dure el mismo período:

Aguantar un lapso el aire en los pulmones

Inspirar   *Espirar*

Esperar un lapso para volver a inspirar

La relajación, un recurso...

Enseñar a los niños esta técnica de relajación, les proporcionará a lo largo del tiempo un recurso que les ayudará a enfrentar los obstáculos con más calma, obtendrán más tiempo para reflexionar y darán una oportunidad de análisis profundo a sus pensamientos y toma de decisiones. Ejemplo: cuando un niño se enoja y está a punto de un gran berrinche, es recomendable colocarse junto a él, ponerle nuestra mano en su pecho e invitarlo a que respire despacio y profunda-mente, tres veces, respirando nosotros junto a él siguiendo el ritmo marcado, con la mano en contacto con su pecho, una vez terminado este ejercicio respiratorio, pregúntele si vale la pena tanto enojo, y cómo puede actuar para que la situación se solucione y él se sienta mejor.

Algo para meditar

Hace mucho tiempo que pienso que si llega el día en que la creciente eficiencia de la técnica de la destrucción hace que nuestra especie acabe desapareciendo de la Tierra, no será la crueldad, la responsable de nuestra extinción, ni mucho menos, por supuesto, la indignación que despierta la crueldad, ni las represalias y venganzas que trae consigo..., sino la docilidad, la falta de responsabilidad del hombre moderno, su servil aceptación básica de los códigos vigentes. Los horrores de los que hemos sido testigos y los horrores todavía más grandes que veremos no indican que crezca en el mundo el número de los rebeldes, de los insubordinados y de los contestatarios, sino que lo que aumenta imparablemente es el número de los obedientes y los dóciles.

Georges Bernanos

CLAVE
9

¿Cómo
aprendemos
mejor?

Actualmente es indispensable que como padres y maestros estemos a la vanguardia en el conocimiento de nuevas herramientas que ayuden a nuestros hijos a aprender más efectivamente. Estos nuevos descubrimientos nacen de la observación - aplicación de técnicas de enseñanza - aprendizaje que han demostrado que aumentan las potencialidades del ser humano en cuanto al manejo del conocimiento. Un ejemplo de esto lo constituye el aprendizaje acelerado. (A.A.)

Aprendizaje Acelerado

¿Por qué Acelerado?

El término "Aprendizaje Acelerado" agrupa una serie de técnicas y conceptos, que no exactamente llevan a aprender más rápido, sino a aprender con permanencia.

El aprendizaje acelerado encierra estudios psicológicos como los de Howard Gardner con sus inteligencias múltiples, Daniel Goleman con su inteligencia emocional, Tony Buzan con sus mapas mentales, Grinder y Bandler con la programación neurolingüística, así como otras técnicas de lectura rápida, fotolectura, etc.

Todas estas aportaciones obligán a que los métodos de enseñanza actuales (en la casa o en la escuela) sufran cambios y se modernicen para alcanzar las metas en formación académica que requieren los niños y jóvenes para enfrentar los retos profesionales que les demandará el futuro próximo.

El aprendizaje acelerado comenzó con los estudios de suges-

El aprendizaje rápido y permanente...

tología realizados por Giorgi Lozanov quien se "basaba en la premisa de que la capacidad de aprender y recordar que poseen los seres humanos es prácticamente ilimitada, ya que se aprovechan las reservas de la mente.

El origen...

En sus orígenes, la sugestología se usaba para curar enfermedades y para dominar el dolor; en psicoterapia, sin embargo, Lozanov inició su aplicación en los procesos de aprendizaje con extraordinarios resultados.

Esta metodología pretende ayudar al ser humano a eliminar el miedo, la autocensura, las valoraciones pobres sobre él mismo y las sugestiones negativas respecto a la limitada capacidad que posea. Pretenden desatar los nudos que atan su desarrollo y liberar su verdadera personalidad. El aprendizaje da la posibilidad de usar lo que ya tenemos dentro de nuestro cuerpo y nuestra mente, nos enseña a crecer y vivir plenamente. El superaprendizaje depende del coeficiente potencial del individuo, no de su coeficiente intelectual".

De las aportaciones más importantes de Lozanov tenemos:
• La importancia de crear un ambiente propicio para el proceso de enseñanza-aprendizaje, no sólo en lo que respecta a aspectos físicos como: ventilación, iluminación, comodidad, sino a aspectos afectivos, como puede ser la ausencia de estrés, un buen nivel de autoestima, etc.

• Impactar al educando, a través del uso de todos de sus sentidos de percepción-comunicación. Esto provoca que el conocimiento quede fuertemente "asegurado" en el cerebro.

• El uso de los procesos de relajación y respiraciones sincronizadas para formar un estado en la persona, que la lleve a un desempeño exitoso.

El cerebro...

El aprendizaje acelerado basa su funcionamiento en el maravilloso órgano que rige todo lo que somos: EL CEREBRO. Estudios sobre este órgano, informan sobre la capacidad que poseen los seres humanos para elaborar los procesos de pensamiento, análisis, memoria, control sobre la fisiología del organismo, intuición, sentimientos, etc.

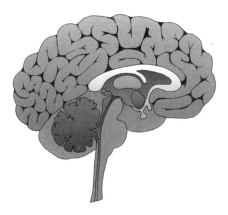

Cuadridomancia Cerebral...

Si se observa la perfección del trabajo de la naturaleza en la evolución de este órgano, –en el sentido de la organización, ahorro de energía, desarrollo de la lógica, la imaginación, y habilidades para manifestarse–, se siente una profunda tristeza al darse cuenta del desperdicio de este milagro de vida que constituye la humanidad, cuando, en vez de aprovechar sus potencialidades, el ser humano pierde el tiempo en pensamientos vagos y frustraciones, rigiéndose por el "qué dirán", con una pérdida total del sentido de vida, avivando sentimientos negativos y egoístas que sólo llevan a un vivir por vivir, con un destino de nulo valor.

El cerebro se encuentra dividido en dos hemisferios: derecho e izquierdo, donde cada uno se encarga de diferentes acciones, y será la interacción de ambos lo que dé como resultado un proceso de pensamiento exitoso. Algunas de las características que manejan cada uno de los hemisferios cerebrales son:

CEREBRO IZQUIERDO	CEREBRO DERECHO
Controlador	Imaginativo
Organiza el lado derecho del cuerpo	Maneja el lado izquierdo del cuerpo
Numérico	Apasionado
Textual, verbal	Genera emociones
Regulador, normativo	Idealista, ilimitado
Ordenado, secuencial	Novedoso
Literal	Asocia con metáforas
Analítico	Tonos, sonidos, música
Disciplina	Impulsa la creatividad
Objetivo, lineal	Visionario, holístico.
Reglamentario	Orientado a sensaciones

Generalmente en nuestro sistema educativo actual, se fomenta más el desarrollo del hemisferio izquierdo. Las capacidades que tendrán que poseer las personas del futuro, serán aquellas resultantes de la interacción de las características de ambos hemisferios.

Claves de aplicación

Claves...

Promover la imaginación...

Se recomienda que promuevan la imaginación de los niños en lugar de cohibirlos y limitarlos. Todos los inventos, cuyos beneficios se gozan hoy día, alguien en el pasado los imaginó y luchó por la idea de conseguir su propósito hasta concretarlo, enfrentándose a críticas y obstáculos que supo sortear.

Algo que se puede hacer, por ejemplo, es contarles un cuento, (que puede, de preferencia, ser inventado por los padres) y en el desarrollo del mismo, se puede pedir a los niños que ellos cuenten fragmentos del relato, preguntándoles en cierta parte del cuento: ¿Qué harías tú si fueras...(tal personaje)?, o ¿cómo resolverías tú el acertijo de..?, o ¿qué recompensa crees tú que merece..?, etc. Este procedimiento hace que su imaginación vuele y que además asocien ciertas respuestas con valores o actitudes que nosotros queremos afirmar en ellos.

Es importante hacer notar a los niños y jóvenes lo importante de conocerse, en cuanto a la manifestación de sus emociones y poderlas expresar de forma auténtica.

Una manera de practicar esto es, por ejemplo, observar una película muy tierna, triste o de un desempeño extraordinario, en cuyo caso, generalmente se nos hace un nudo en la garganta, pero difícilmente se deja salir el llanto que anega los ojos. Cuando suceda esto, se debe llorar y manifestar que el ser humano es sensible y que nada de malo tiene llorar. Y si en el desarrollo de esta actividad, sólo lloran los niños, no hay que censurarlos ni criticarlos, se debe dejar que manifiesten sus sentimientos libremente.

Se debe promover la creatividad; como padres se puede instar siempre a los hijos a crear a través del dibujo, el cuento, la música, la imaginación. Por ejemplo, es muy recomendable que destine un lugar "especial" para sus actividades manuales y tareas, proporcióneles los materiales que requieran y déjelos crear.

Inteligencias Múltiples

Otro tema fundamental del aprendizaje acelerado, son las inteligencias múltiples estudiadas por Howard Gardner:

Visual - espacial
Auditiva - musical
Corporal - kinestésica
Naturalista

Lógica - matemática
Interpersonal
Intrapersonal
Verbal - lingüística

Es importante hacer notar que durante el crecimiento del ser humano, el cerebro sufre un proceso evolutivo, es decir, "la masa encefálica de un bebé guarda las neuronas de toda su vida, pero las sinapsis aún no están totalmente terminadas. Por ello, el cerebro de un recién nacido pesa un poco menos que el de un adulto. Eso significa que las fibras nerviosas capaces de activar el cerebro necesitan ser construidas, y lo son, por los retos y estímulos a que está sometido el ser humano," y sobre todo por la actividad que provocan en las neuronas todas las experiencias que proporciona todo tipo de aprendizaje.

Conforme el niño(a) va creciendo, su cerebro se va especializando, teniendo cada edad una "apertura cerebral especializada", que marca la etapa ideal para motivar cada una de las inteligencias, aunque todas se pueden estimular y desarrollar a cualquier edad.

1) Inteligencia visual - espacial

Lo que captamos por los ojos...

Definida como la capacidad de distinguir formas y objetos, percibiendo el mundo visual y que permite realizar transformaciones sobre la percepción y crear imágenes mentales (imaginación).

Lo que ocurre en el cerebro durante el ejercicio y desarrollo de esta inteligencia, es la conexión de los circuitos entre la retina y la zona del cerebro responsable de la visión. También se desarrolla la regulación del sentido de lateralidad y direccionalidad, así como el perfeccionamiento de la coordinación motriz y la percepción del cuerpo en el espacio, para desarrollar habilidades como localizar en el tiempo y el espacio, comparar, observar, deducir, relatar, combinar, transferir.

Los padres y profesores pueden estimular estas habilidades a través de ejercicios físicos y juegos que exploran la noción de derecha e izquierda, arriba y abajo. Son recomendables deportes como la natación y las artes marciales, juegos como el ajedrez, actividades como el diseño, el dibujo, etc. También es importante estimular la identificación de colores, la asociación de figuras con palabras, interpretación de imágenes, etc.

2) Inteligencia auditiva - musical

Definida como aquella capaz de ayudar a definir diferentes sonidos, así como la apreciación de la música y las características de la misma como son: intensidad, tono, melodía, ritmo, timbre y frecuencia.

Para el desarrollo de esta inteligencia, el cerebro posee zonas vinculadas a los movimientos de los dedos de la mano izquierda que son muy sensibles y facilitan la utilización de instrumentos de cuerda. Las habilidades que esta inteligencia ayuda a desarrollar son: identificar distintos tonos y sonidos, relatar produciendo diferente entonación, reproducir distintos tipos de música y canciones, combinar ritmos, etc.

Los padres, abuelos y profesores especializados, pueden ayudar a desarrollar las habilidades mencionadas, cantando junto con los niños; enseñándoles a saber escuchar; a diferenciar los sonidos; dejando que escuche música de fondo, mientras come, juega o incluso mientras duerme.

Esta inteligencia es muy importante, ya que es quizá la que directamente tenga más influencia en los estados de conciencia del ser humano por el efecto que tienen los diferentes ritmos en el cerebro, así por ejemplo, existe música especial para producir estados de alta concentración cerebral (llamado estado alfa). Si se escucha este tipo de música, mientras el niño o el joven estudian, el aprendizaje será más efectivo.

3) Inteligencia corporal - kinestésica

Lo que el cuerpo aprende...

Esta inteligencia regula la capacidad de utilizar el propio cuerpo de manera diferenciada para fines expresivos, así como la capacidad de trabajar con objetos, tanto los que implican el desarrollo de una motricidad específica como los que toman en cuenta el uso integral del cuerpo.

En esta etapa en el cerebro se desarrollan conexiones tales, que permiten la asociación entre mirar un objeto y asirlo, así como aquellas que permiten el paso de objetos de una mano a otra. Todo esto con el fin de ayudar a desarrollar habilidades tales como: comparar, medir, relatar, transferir, demostrar, interactuar, resumir, interpretar y clasificar.

Con ayuda de los padres, profesores, instructores de danza e instructores de algún deporte, se podrá poner en práctica el desarrollo de esta inteligencia, para lo cual se puede comenzar a realizar juegos que estimulen los sentidos, juegos de mímica, el desempeñar algún deporte, etc. Esta inteligencia afirma el "aprender haciendo", ya que incluso existen evidencias que sugieren que cierta parte de la memoria puede ser guardada en moléculas pépticas que circulan a través de todo el cuerpo por el torrente sanguíneo y que mandan información sobre diversas sensaciones que el cerebro registra magistralmente.

4) Inteligencia naturalista

El hombre, parte de un todo...

Esta inteligencia es la encargada de entender la organización de patrones en el ambiente natural, así como el papel del ser humano como parte de la naturaleza.

El hombre, parte de un todo...

Esta inteligencia queda amalgamada con otras, en el sentido de que el desarrollo de diversas conexiones neuronales, permite entender y manifestar las cadenas naturales de organización ecológica así como las leyes de la adaptabilidad, necesarias para que el ser humano sobreviva y asegure su permanencia con calidad, en el futuro de este planeta.

Las habilidades que se manifiestan son: demostrar, seleccionar, plantear hipótesis, revisar, reconocer, organizar, observar, reproducir, transferir y clasificar.

Estimular esta inteligencia queda a cargo de los padres, familiares y profesores, quienes además de influir en la formación de los niños, en el entendimiento del microcosmos del cual está constituido, deben ubicar su existencia dentro de un macrocosmos del cual forma parte y es RESPONSABLE de su sana continuidad.

Esta inteligencia es fundamental, ya que ubica al ser humano en su entorno natural y se puede fomentar a través del cumplimiento de hábitos de higiene y limpieza personal, así como de la creación de una cultura de prevención de las enfermedades.

Lo anterior tiene que desarrollarse a la par de una formación de conciencia social, en cuanto al impacto de las acciones diarias de los seres humanos, en la salud y la contaminación del ambiente. Por eso importante que desde el núcleo familiar y a través de las instituciones educati vas y de responsabilidad social, se cree un proyecto que lleve a la población, a la no-producción de basura y contaminantes ambientales. La formación mencionada debe considerar también la ubicación ética y moral de las acciones de los humanos en cuanto al manejo de material genético y el impacto de estos hechos en el futuro de la humanidad.

5) Inteligencia lógica - matemática

Se define como aquella que lleva al niño desde la percepción de los objetos que rodean su mundo, hacia el manejo de este conocimiento para entender cómo se comportarán estos mismos objetos bajo circunstancias distintas, lo que llevará más tarde al desarrollo del pensamiento científico.

Con esta inteligencia se desarrolla la habilidad para: enumerar, hacer series, deducir, medir, comparar, concluir, organizar y verificar.

Padres y profesores pueden ayudar a desarrollar esta inteligencia fomentando las funciones simbólicas hacia las motoras, realizando ejercicios con actividades sonoras, que perfeccionen el razonamiento matemático, manejar escalas en dibujos y esquemas, promover el cálculo y la percepción geométrico-espacial, realizar ejercicios y problemas tipo crucigramas, problemas de lógica, juegos como el ajedrez, etc.

6) Inteligencia Interpersonal

Esta inteligencia se define como la capacidad de percibir y comprender a otras personas descubriendo sus virtudes y defectos, así como la fuerza que las impulsa, creando con ellas un grado máximo de empatía que logra crear un liderazgo desarrollador y de beneficio para un bien común. La inteligencia interpersonal debe su desarrollo a la interacción de ambos hemisferios.

Esta inteligencia se comienza a desarrollar desde el nacimiento, afirmándose fuertemente en la pubertad, que es cuando en el cerebro, los circuitos del sistema límbico comienzan a conectarse y se muestran sensibles a estímulos provocados por otras personas, lo que lleva a que en esta etapa de la vida queden afirmados fuertemente los valores y las virtudes en el ser humano.

El hombre, ente social...

Las habilidades que se desarrollan con esta inteligencia son: interactuar, percibir, relacionar, y comunicar. Aquí, padres, familiares, profesores y terapeutas especializados, tienen que fomentar la habilidad para que los niños y jóvenes trabajen cooperativamente y aprendan a comunicarse tanto en un lenguaje verbal como no verbal y que además al interactuar con otro ser humano, sean capaces de percibir (a través del desarrollo de su sensibilidad) las reacciones no verbales y de comportamiento que las demás personas manifiestan, para entenderlas mejor.

Es importante también que los padres dejen que los niños se expresen libremente e incluso fomentar que puedan definir claramente sus emociones y sentimientos, antes de censurarlos y darles cualquier explicación. También es importante transmitir a las siguientes generaciones, el sentimiento de la necesidad de entendimiento de otro ser humano con un marco de referencia distinto, bajo el contexto de un beneficio mutuo. Este último aspecto se puede trabajar a través del ejemplo que damos los adultos a los niños con las acciones que realizamos.

Otro aspecto importante es que los padres deben promover un proceso de comunicación con los hijos y trabajar para que, desde una temprana edad, se cree un canal de interacción en el que fluya la confianza, para que el niño sienta un apoyo (sin censura) y que en el futuro le permita a este último acercarse a los padres en situaciones de apuro, donde necesite un consejo para alguna toma de decisión.

La comunicación consigo mismo...

7) Inteligencia intrapersonal
Se define como aquella inteligencia que lleva al ser humano a desarrollar la capacidad de automotivación y autoestima a través de la cual es capaz de crear una idea de sí mismo que sea funcional para alcanzar la felicidad personal y social.

A través de manifestaciones de cariño que reciben los niños y al expresarles admiración por sus logros, ya sea por parte de los padres, profesores, familiares y terapeutas, siempre bajo la condición de que deben ser dosificados y en el momento oportuno, el niño puede moldear y fortalecer esta inteligencia, la cual promueve habilidades tales como: reconocimiento de logros, autoconocimiento, ser ético, percibir, etc.

También es importante propiciar en el niño el proceso de reflexión que le permita realmente ser crítico y poder tomar decisiones.

Del hablar se tiene...

8) Inteligencia verbal - lingüística

Esta inteligencia se define como la capacidad de procesar mensajes lingüísticos, ordenar las palabras y dar un sentido coherente a los mismos.

En el cerebro esta inteligencia se desarrolla porque ocurre una serie de conexiones de los circuitos neuronales que transforman los sonidos en palabras y posteriormente en mensajes completos.

Esta inteligencia permite el desarrollo de habilidades como son: describir, narrar, observar, comparar, relatar, valorar, sacar conclusiones, resumir, interpretar, etc. Estas habilidades descritas pueden ser fomentadas por los padres, profesores, familiares y amigos, otorgando a los niños palabras nuevas que poco a poco vayan añadiendo a su vocabulario, haciendo que los niños y jóvenes participen en conversaciones y debates estimulantes promoviendo su expresión oral, trabajar con ellos fomentando la construcción de imágenes mentales, realizando composiciones; haciendo que aprendan, de ser posible, una lengua extranjera, etc.

Mapas Mentales

*Una
herramienta
poderosa...*

Otra herramienta fundamental que maneja el aprendizaje acelerado es el uso de los mapas mentales estudiados por Tony Buzan, quien establece que todo en la naturaleza tiene un arreglo preconfigurado a través del trabajo de la evolución natural. Este autor sostiene que elaborar un mapa mental y realizar el arreglo de los conocimientos, con respecto a un tema central, colocados en forma radial, obedece a una "estructura natural", por lo que, esta herramienta promueve que los conocimientos queden permanentemente grabados en el cerebro, con la facilidad de tener acceso a ellos cuando se necesiten, dada la cantidad de interconexiones neuronales que se provocan al elaborarlo.

Las reglas para construir un mapa mental son:
Preparar una hoja en forma horizontal
Escribir todo en mayúsculas
Colocar el tema principal al centro de la hoja
Colocar los subtemas alrededor del principal
Seguir el sentido de las manecillas del reloj
Usar dibujos
Usar colores
Utilizar palabras clave
Utilizar líneas gruesas y delgadas

Para construirlo el niño o el joven utiliza varias de sus inteligencias, además de realizar diversos procesos mentales, como son extraer, jerarquizar, analizar, decidir lo significativo, para que más adelante a partir de esta construcción pueda crear nuevos conocimientos.

Claves de aplicación

Aplique esta herramienta en todo lo que acostumbre usted anotar, en el transcurso de su vida diaria, por ejemplo al anotar una receta de cocina, al tomar apuntes o notas en alguna clase, para anotar la minuta de una junta, etc. Si el niño es pequeño (de 4 a 6 años) se le debe pedir que a través de dibujos realice mapas mentales sencillos, a manera de juego, donde en el centro, como tema principal coloque algún aspecto importante de su vida, por ejemplo: "las personas que ama", "los juegos que le más le gustan", etc. Ejemplo:

Mapa Mental elaborado por Florencia Lanz Chávez de 5 años.

CLAVE
10

¿Casa-Escuela, un binomio equilibrado?

Los enemigos de la autoestima...

"Para muchas familias, educar es sinónimo de corregir; y quizás por ello, en diferentes ocasiones presenten un cuadro de conductas, pautas, experiencias y modelos desfavorables para el crecimiento de una autoestima positiva en sus hijos. Se les trata como si carecieran de dignidad y valor, se destruye su espíritu de espontaneidad y libertad, no se les deja el poder tomar decisiones en cosas importantes para ellos, no se les otorga suficientes oportunidades para que sean responsables", obligándoseles además a obedecer la voluntad de los mayores. Por lo que, el resultado es la debilidad, el desamparo, la ausencia de dignidad; en resumen, un sentimiento de insignificancia y desvalorización.

Otro factor que no ayuda a fomentar la autoestima de los niños es el tipo de acciones correctivas que se aplican en algunas escuelas como son: los ridículos en público, las burlas, el sarcasmo, el castigo físico, la imposición autoritaria y las amenazas.

"Además de las frustraciones y de los descontentos, poco a poco algunos estudiantes se dan cuenta que, en la escuela, no sólo se acumula más o menos cierta cantidad de información, sino que también se aprenden formas de relacionarse con otras personas. Se aprende a competir y a luchar contra otros, a querer ser mejor que ellos sin importar la individualidad de cada uno. Aprenden también a temer a la autoridad, a ser sumisos y pasivos, a bloquear su conciencia crítica, su creatividad y su originalidad. Desconfían a veces de sí mismos y de sus capacidades. Se sienten incapaces de buscar, investigar y encontrar soluciones a sus problemas, especialmente problemas significativos para ellos. No creen poder hallar sus propias soluciones y respuestas personales. Esperan recibirlo todo, o casi todo, de la autoridad del maestro."

Los enemigos de la autoestima...

Lo descrito en el párrafo anterior provoca que el niño se convierta en un autómata, en un ser con baja autoestima, incapaz de dar una sola respuesta, creciendo sin valorarse, inseguro, con dificultades para enfrentar la vida y relacionarse con los demás. Es decir, "se encamina a producir 'sujetos' pasivos, conformistas, acríticos, dependientes, inseguros de sí mismos y de sus capacidades, con grandes cantidades de información que no son capaces de utilizar en forma personal y socialmente constructivas". Esta clase de estudiantes tienden a mirar a la escuela y lo que se derive de ello, como algo negativo, pesado, desalentador, aburrido y obligatorio, además de que es en ese lugar donde reciben siempre evaluaciones que remarcan sus errores y no sus aciertos, lo que reafirma la creación de una autoimagen inútil, y es altamente nocivo para su desarrollo posterior.

¿A cuántos niños(as) de nivel básico, medio y medio superior les gusta ir a la escuela?

Dada esta vivencia común entre los educandos, es indispensable trabajar los docentes y los padres de familia en pro de crear ambientes de enseñanza-aprendizaje donde el niño o el joven se sienta estimulado y se cambie el paradigma de: TENER QUE ESTUDIAR por el de: PLACER DE APRENDER.

Hay que desarrollar una nueva imagen de la escuela, donde se cree en la mente de los niños que la escuela es un lugar agradable, porque es ahí donde se fomenta el aprender, conociendo cosas nuevas, útiles, de aplicación en la vida diaria, etc.

Los padres entonces deben formar un "equipo" con los docentes que tienen a cargo a sus hijos, para que, juntos "conspiren" sobre los mejores caminos para guiar al niño a superarse e ir alcanzando logros, otorgándoles reconocimientos asertivos que los motiven a imponerse, cada día, nuevas metas.

El ambiente indispensable para aprender...

Para crear este "ambiente" es indispensable usar los consejos y herramientas que ya se han descrito de aprendizaje acelerado, para que se proporcione a los alumnos un entorno de estudio ameno, interesante, y motivador.

Aunado a lo anterior es indispensable trabajar utilizando el AFECTO, permitiéndosele al niño manifestarse y expresarse sin temor al ridículo, logrando que se sienta bien consigo mismo. Este manejo afectivo debe ayudar también al niño a conocer y controlar sus emociones, para que a través de la vivencia de todas sus experiencias en conjunto, lo lleven a tener una elevada autoestima, a practicar las virtudes positivas, para poder tomar decisiones logrando así un desarrollo integral.

¿Cómo se pueden asegurar las bases para educar niños y jóvenes seguros de sí mismos, con alta autoestima, exitosos y con la capacidad de dar lo mejor al mundo que los rodea?

Dado que la autoestima se va construyendo a lo largo de la vida, como cualquier otro aprendizaje, se debe de propiciar tanto en la escuela como en el hogar a través de experiencias educativas socio-afectivas, cognitivas y motoras que promuevan el desarrollo de una personalidad sana.

Un ejemplo de estas experiencias puede ser el trabajo en equipo bien planeado (en la escuela) donde se asegure la participación homogénea de todos los integrantes y se reconozcan los logros obtenidos. La familia puede tomarse también como un "trabajo en equipo" donde la opinión de cada integrante es tomada en cuenta, donde también se reconocen los aciertos y se hacen observaciones de mejora firmemente y con afecto.

Claves para reflexionar

El afecto de la mano del aprendizaje...

Es absolutamente indispensable el manejo del afecto, y no sólo propiciar el que los alumnos adquieran conocimientos.

Un ambiente afectivo y de confianza proveen al cerebro condiciones óptimas para que aprenda y quede motivado a repetir este proceso de aprendizaje.

Entonces una propuesta para los docentes, es crear un "currículo oculto", no tan "oculto", donde la intención del maestro sea por ejemplo promover la afectividad entre las relaciones interpersonales de sus alumnos, detrás de algún objetivo curricular cognitivo.

Los padres pueden promover más fácilmente la afectividad entre sus miembros, donde nunca falte el apoyo moral, la caricia, el abrazo, la compañía, la plática, los detalles, etc. La afectividad es aquella acción amorosa y de preocupación sincera "que los padres enseñan a los hijos" con el ejemplo durante un proceso paulatino que se construye día a día.

Claves de aplicación

Claves...

Sin importar el rol de trabajo de la pareja, es fundamental que ambos se preocupen por la vida escolar de los hijos revisando sus avances, participando en las actividades de convivencia familiar que promueva la escuela. También un buen consejo es que los padres formen un frente común a la hora de abordar la revisión de la boleta de calificaciones de los hijos, con la idea de motivar en conjunto lo que se tenga que mejorar y reconocer en unión familiar los logros, compartiendo satisfacciones, así como responsabilidades, haciendo que el niño se interese más por aprender que por alcanzar un número.

CLAVE
11

La familia, su pasado, su presente y su porvenir

Hoy día la familia latinoamericana todavía constituye uno de los valores culturales esenciales, lo que le otorga una fortaleza determinante en los procesos de cambio que aseguren un futuro social de calidad.

¿Qué pasa hoy con la familia?

La familia es la célula de toda sociedad; sin embargo, los países "desarrollados" están cayendo en un desmembramiento de la unión familiar, llevando a esta humanidad a estados decadentes, con alto grado de violencia, inseguridad, enfermedad, contaminación, etc.

Parte de lo que vive la problemática familiar actual, es resultado de la etapa de crisis por la que atraviesa la humanidad, ya que durante su estancia en este planeta está viviendo, el día de hoy, el enfrentamiento al mayor número de cambios que jamás ha sufrido en su existencia. En este choque brutal la educación perdió la carrera contra la tecnología y avances científicos. Como resultado de esta crisis se tuvo también el

Y la historia se repite y se repite...

advenimiento de movimientos sociales que afectaron la estructura familiar; así, se puede aseverar que el antiguo orden familiar educativo declina, al mismo tiempo que se palpa el nacimiento de una nueva educación familiar. El miedo y la esperanza atraviesan nuestras vidas.

Lo importante del estudio de la historia no es conocer fechas y lugares sino movimientos sociales, económicos, religiosos, educacionales que constituyeron en el pasado el parteaguas en los grandes cambios que promovieron el término o la aparición de grandes civilizaciones; entender estos procesos puede otorgar herramientas para prevenir desastres y crear un porvenir alentador.

Los educadores hoy día tienen el deber de no encerrarse en el pasado y de reflexionar arduamente sobre los problemas de su tiempo.

Hoy, en el inicio de un nuevo milenio, existe un miedo a la miseria, que también se ha presentado en el pasado, la diferencia es que hoy, ante el aumento de la pobreza extrema que no consigue controlar el poder público, empieza a recuperarse la solidaridad.

En el pasado han aparecido epidemias devastadoras de diversas enfermedades. En la actualidad el SIDA que se ha propagado desde la década de los ochenta. Ante este nuevo mal, han reaparecido los reflejos de antaño: el miedo a los otros.

Se observa que la sociedad contemporánea atraviesa por un cambio de época, en el que hay muchas incertidumbres sobre el camino a seguir y sobre todo, se descubre la ausencia de proyectos culturales válidos, capaces de dar respuesta a las aspiraciones humanas.

La historia de la humanidad está llena de ejemplos de violencia, crueldad, guerras, hambre y el día de hoy con todo y lo que el hombre ha avanzado en la ciencia y la tecnología, todavía vive esta brutalidad en los secuestros, en el maltrato intrafamiliar, en el síndrome de padres maltratados y en los casos que venimos viviendo, de adolescentes delincuentes en el ámbito familiar y escolar.

¿Perdido el sentido de vida?...

Hoy se aprecia un temor latente al porvenir de la humanidad, que se manifiesta en una pérdida de sentido de vida por parte de los jóvenes, indiferencia, apatía y ceguera por parte de los adultos respecto a sus reacciones ante la vida, por lo que es innegable que la realidad que tenemos no satisface a la inmensa mayoría de la gente. Está en busca de algo más.

¿Qué relación tiene la familia como factor esencial, con la calidad educativa (familiar y escolar) en este inicio de siglo?

Claves...

Claves para reflexionar

Examinemos nuestra situación actual:

Nuestra realidad...

Se tienen olvidadas las necesidades básicas de cientos de grupos humanos, en donde muchas familias sufren las vicisitudes de este problema.

La brecha entre "muy" ricos y "muy" pobres ha aumentado considerablemente y con ello las problemáticas familiares.

La dinámica familiar se ha transformado, no existe verdadera comunicación ni cercanía, ni manifestaciones de afecto, cada quien (cuando los hijos tienen cierta edad) "jala" por su lado. Los valores morales de "unión familiar" se diluyen.

Se tiene latente el miedo de una guerra nuclear o bacteriológica. El crecimiento económico enfrenta: procesos de globalización, tratados de libre comercio, acuerdos internacionales, apertura de fronteras, monedas unitarias, pero también fraudes, deshonestidades y corrupción, que permean a las familias.

La raza humana ha empezado a consumir su propio ambiente. La contaminación en todos sentidos está acabando con el planeta.

Existe una importante deshumanización, lo que provoca que las acciones de ayuda social vayan a la baja.

Se han intensificado los conflictos entre grupos étnicos y naciones.

La inquietud de las familias...

Actualmente se viven grandes males para nuestras familias, el egoísmo por un lado y la ignorancia por el otro; hoy es necesario profesionalizar la educación familiar, la pura intuición ya no es suficiente.

Estamos viviendo una sociedad digitalizada, una sociedad de cibernética, una sociedad de la posmodernidad que se constituye en el reino de la diferencia, de la pluralidad, de lo diverso, de lo particular y de la marginalidad.

Se ha perdido el sentido de pertenencia. Las familias ya no se preocupan por generar un sentido de identidad con base en tradiciones y costumbres familiares.

Hoy la democracia que ha triunfado en todas partes, se empieza a vivir en ciertos aspectos en la familia, en donde los hijos participan en la resolución de problemas.

Se ha intensificado el tráfico de drogas y el terrorismo, inquietando con ello la tranquilidad y armonía de gran multitud de familias.

La televisión se ha convertido en una máquina manipuladora del pensamiento; hoy tenemos el advenimiento de nuevos canales mucho más agresivos y con nuevas alternativas de influir en las normas y principios de la institución familiar. Actualmente cada miembro de la familia desea tener un aparato de TV individual, lo que promueve el despego familiar y la no comunicación entre los miembros que la conforman.

Tendencias que se vislumbran

El conocimiento se dispersará en forma incontenible. Winston Churchill predijo: "El siglo XXI será donde se establezca el "imperio de la mente", la "era del conocimiento". Prevalecerá la interdisciplinariedad y la multidisciplinariedad.

4 pilares de la educación del nuevo siglo...

La UNESCO establece que los cuatro pilares a revisar en la educación del nuevo siglo serán:

4 pilares de la educación del nuevo siglo...

❖ Aprender a conocer.
❖ Aprender a ser.
❖ Aprender a hacer.
❖ Aprender a vivir juntos.

"Aprender a conocer, combinando una cultura general suficientemente amplia con la posibilidad de profundizar los conocimientos en un pequeño número de materias. Lo que supone, además, aprender a aprender para poder aprovechar las posibilidades que ofrece la educación a lo largo de la vida.

Aprender a hacer, a fin de adquirir no sólo una calificación profesional sino, más generalmente, una competencia que capacite al individuo para hacer frente a gran número de situaciones y a trabajar en equipo. Pero, también, aprender a hacer en el marco de las distintas experiencias sociales o de trabajo que se ofrecen a los jóvenes y adolescentes, bien espontáneamente a causa del contexto social o nacional, bien formalmente gracias al desarrollo de la enseñanza por alternancia.

Aprender a vivir juntos desarrollando la comprensión del otro y la percepción de las formas de interdependencia, realizar proyectos comunes y prepararse para tratar los conflictos, respetando los valores de pluralismo, comprensión mutua y paz.

Aprender a ser, para que florezca mejor la propia personalidad y se esté en condiciones de obrar con creciente capacidad de autonomía, de juicio y de responsabilidad personal. Con tal fin, no menospreciar en la educación ninguna de las posibilidades de cada individuo: memoria, razonamiento, sentido estético, capacidades físicas, aptitudes para comunicar...

Mientras los sistemas educativos formales propenden a dar prioridad a la adquisición de conocimientos, en detrimento de otras formas de aprendizaje, importa concebir la educación como un todo. En esa concepción deben buscar inspiración y orientación las reformas educativas, tanto en la elaboración de los programas como en la definición de nuevas políticas pedagógicas."

(Fuente: UNESCO, La educación encierra un tesoro, 1996.)

Claves de aplicación

Claves...

Se esperan avances inimaginables en la tecnología y un desesperado esfuerzo por reformar los valores éticos que conforman nuestra civilización, pero se requerirá una reforma educativa paulatina pero radical, para enfrentar este advenimiento tecnológico.

Se deberá asegurar la diversidad cultural en el mundo, lo cual requerirá del respeto, que como lugar privilegiado se forja en el ámbito familiar. Y aprender a convivirlo con la globalización.

Se deberán promover nuevas habilidades y capacidades en los niños y jóvenes como son: relaciones interpersonales, adaptabilidad, poder de decisión, compromiso, aprendizaje de idiomas, manejo de la computación, reflexión, etc.

Será fundamental ser fieles al principio de la Educación Familiar: ser abiertos, pero conservando la esencia. Cuidar lo que debe "permanecer", y lo que debe "cambiar".

¿A qué se enfrentarán las familias?...

Se puede vislumbrar que dentro de no mucho tiempo se presentará un cambio en el que la actividad laboral se realice desde el hogar, ya que en las casas habrá terminales computacionales, desde donde se pueda llevar a cabo cierto tipo de trabajos, luego entonces, la dinámica familiar, nuevamente se enfrentará a cambios, ya que, el que los integrantes de una familia se encuentren "en casa", no asegura que la convivencia sea de calidad. Ya que se dice que "la computadora aisla". ¿Cómo se vivirá este fenómeno?... "Juntos pero Aislados".

También se vislumbra que el avance de la tecnología provoque el aumento del "tiempo libre" por lo que un reto del futuro será: "el manejo del ocio".

Se deberá proteger el derecho de personas y grupos a manifestar sus distintos roles.

El recurso dominante será el manejo de la información, lo que significa que las personas que consigan educarse y convertir esa educación en conocimiento serán quienes tengan acceso a disfrute de lo verdadero, lo bueno y lo bello, lo cual les permitirá ser capaces de pensar por sí mismos, ser mejores como personas, trasmitirlo a los que los rodean y transformar su entorno con posibilidades de crecimiento y felicidad.

Después de esta visión que rodea, en un antes, un hoy y un futuro en donde se organizó, se organiza y se organizará la familia, se puede afirmar que: "La familia es el único requisito estructural de la sociedad y de todas las sociedades".

Lo importante de la familia

La familia...

La familia es el ámbito en el que todos los seres humanos realizan su "aprendizaje básico"... prácticamente todos los hombres de todas las sociedades conocidas de la historia adquirieron su aprendizaje básico en el seno de la familia. A pesar de la preocupación por la pérdida de funciones de la familia en las sociedades relativamente modernizadas, todavía casi todas las personas aprenden en el seno de la familia a caminar, hablar, comer, a mover sus intestinos, a recibir y dar afecto y a comprender la distribución de poder y responsabilidad.

Se puede aludir a cuatro paradigmas de familia existente:

FAMILIA EN ARMONÍA	<u>Sí</u> Maneja tensiones	<u>Sí</u>	Mantiene pautas.
FAMILIA REPRESIVA	<u>Sí</u> Maneja tensiones	<u>No</u>	Mantiene pautas.
FAMILIA PERMISIVA	<u>No</u> Maneja tensiones	<u>No</u>	Mantiene pautas.
FAMILIA CAÓTICA	<u>No</u> Maneja tensiones	<u>No</u>	Mantiene pautas.

De acuerdo a lo que vive a diario, ¿cómo clasifica usted a su familia?

El concepto de familia permisiva es el que prevalece actualmente en donde se manifiesta el permisivismo, pero por supuesto que no es una familia de este tipo, la que conviene hoy a la sociedad mexicana porque ello se manifestará en una sociedad "light".

Por otro lado, el antiguo orden piramidal de la familia en donde el "jefe" ordenaba, disponía, decidía y ordenaba incluida a la mujer, esposa y madre, hoy está cambiando de manera vertiginosa; a partir de la década de los setenta en todo el mundo la mujer ha salido a la calle, ha ingresado en las universidades, está participando arduamente en el ámbito laboral, participando en las decisiones de las empresas y ocupando puestos de mandos altos, así como intermedios u operarios. La propuesta gubernamental de hoy es generar trabajos de medio tiempo para que las amas de casa puedan participar profesionalmente.

Hoy las estrategias de participación social de la mujer están puestas en marcha. Hoy la familia también se ha confundido con lo "virtual" y entonces aparecen las denominadas "familias de diseño"; en cuanto a su estructura y ámbito se construye como un producto racionalmente programado, y cuyas variantes van desde las parejas preseleccionadas por computadora en las agencias matrimoniales, hasta las

La familia es la única organización en donde sus mie[r]
de prácticamente todas las sociedades conocidas suelen
siempre algún rol, según su edad durante todo el ciclo
vida. Lo cual no sucede en ningún otro tipo de instituc
y mucho menos con carácter universal.

La familia es pues la guía más general para el an
estructural de cualquier sociedad, inclusive de las socie[
sumamente modernas. Por ello, la familia como organiz[
es requisito de toda sociedad, además de ser la estructur[
relevante. De aquí que la familia se constituye hoy y sie[
en el factor esencial de la calidad educativa.

La familia engloba el "todo" de la formación esencial hun
desde la visión de vida, establecimiento de límites, pro
didad en la comunicación, manejo de tensiones, definici
alcance de metas, etc, lo que lleva a transmitir a las ger
ciones sucesivas los valores, principios orientadores y for
de vida propios de la sociedad de la que forman parte y c
desarrollo en paz y orden tiene como exigencia primordi
que los nuevos miembros sean respetuosos, en lo fundam
tal, con el orden existente.

*La familia,
no es simple
vínculo de
afecto...*

El funcionamiento familiar no consiste en simples víncu
de afecto, por profundos que éstos puedan ser, sino que ll
consigo, como exigencia interna e inevitable, la coinciden
en las formas de concebir la vida y el mundo, por supues
con la existencia de diferencias individuales.

La compenetración exige pues pensamientos y sentimien
comunes, por ello la familia enseña a entender la vida y
concebir el mundo de las generaciones precedentes.

resultantes de las nuevas tecnologías de reproducción, como la inseminación artificial, a demanda del progenitor, no necesariamente casado, que producen complejas combinaciones según sea o no anónimo el donante de las células reproductoras, o según intervenga más de una mujer en el proceso de concepción, gestación y alumbramiento; y las que resultan de uniones, con o sin matrimonio.

El nuevo papel de la mujer...

Aunado a estas "familias virtuales" proliferan las redes de un nuevo parentesco político, dado el gran número de divorcios y uniones libres múltiples.

¿Entonces, por qué tipo de familia debemos luchar? Por una familia capaz de establecer una red de relaciones, en donde haya cabida para el desarrollo de los proyectos personales de vida de cada uno de sus miembros, pero también donde todos y cada uno de ellos participen en la tarea de alcanzar un proyecto familiar, en donde el padre y la madre sean auténticos director y directora de su hogar, sólo una familia que sea capaz de desarrollar esta "red de relaciones" logrará la integración de la persona con la sociedad, porque la familia es el puente que permite dicha integración.

Posición de la familia actual

El papel de la familia...

Actualmente ¿cuál es el papel esencial de la familia en la sociedad latinoamericana? El de funcionar como una red positiva, con la finalidad de crear una sociedad donde una de sus funciones prioritarias sea la educación de cada uno de sus miembros, en el sentido de prepararlos para ser aceptados, para adquirir actitudes positivas y favorables, para desarrollar su inteligencia interpersonal, es decir su relación con el otro, así como promover el desarrollo de todas sus habilidades y capacidades que le hagan poder integrarse al mundo productivo sin dejar de lado el SER persona.

La familia es el ámbito por excelencia en donde el niño aprende a vivir un *orden mental* que se proyectará en un *orden material*. Sin embargo en familias caóticas el niño aprende lo que es el desorden, la pérdida de principios, normas, límites y la ausencia de la reflexión.

Qué se aprende en la familia...

En la familia aprende la *obediencia* pero no sumisa, ni vertical; aprende a obedecer por convicción, porque reconoce que esa obediencia lo conducirá a ser un hombre que respetará normas, filosofías, metas, visiones y misiones que las instituciones propongan.

Pero en la familia también se puede aprender la desobediencia, cuando se vive en autonomía la vida, cuando se individualiza la vida de manera egoísta y nadie obedece.

En la familia también se aprende a elegir, el niño aprende a tomar decisiones y a enfrentar las consecuencias que se deriven de la elección realizada.

Es en el ámbito de la familia en donde se aprende a "amar" con un amor de benevolencia que quiere el bien del otro. Lamentablemente, hoy vivimos en tiempos de desamor y es en la familia donde se enseña lo que significa el desamor, dadas las limitaciones de los padres.

Es en la familia, donde se aprende a "sentir" por el tipo de relaciones afectivas que se van entretejiendo, en donde se aprende a emocionarse, a apasionarse, pero es también en el ámbito familiar en donde se aprende la insensibilidad a las necesidades de los demás.

En el ámbito de la familia se aprende por medio del ejemplo, la "superación". Pero también la familia puede ofrecer situaciones para que se aprenda a ser conformista.

En el seno familiar es donde se aprenden los sentimientos y las emociones, así como la manera de manifestarlos ya sea en el sentido positivo como en el negativo. Observando el ejemplo de los padres se aprende la tenacidad, la perseverancia y la sed de superación; pero también se puede aprender el conformismo, la apatía, la corrupción, etc.

Es en la familia en donde se aprende el *respeto* por uno mismo y por los demás, es donde también se aprende a tomar acuerdos y decisiones.

La familia inteligente...

Dar educación es dar oportunidades de crecimiento, realización y futuro.

Hoy se debe luchar por una "familia inteligente" la cual será la que desarrolle la capacidad de adaptación y dé respuesta a la realidad y a las crisis que enfrenta hoy. La familia inteligente es la que se adapta a la exterioridad, fortaleciéndose en su interioridad.

"Una familia inteligente es la que se vincula con la realidad, la que aprende de su época, la que acepta transformarse, la que educa miembros que desarrollan su aptitud de la inteligencia. En esencia la familia inteligente es la que actúa como "inteligencia colectiva"; en donde se requiere que todos los miembros de la misma respondan a reglas sencillas, y que conectados por redes de comunicación y de afectividad puedan y estén en posibilidad de resolver juntos problemas complejos. La inteligencia colectiva de una familia está catalizada por la calidad de las interconexiones, la creatividad individual, la aceptación de reglas y códigos, la participación en un proyecto familiar en conjunto, la transmisión de una cultura familiar que sabe conservar y fomentar las fuerzas del carácter de sus miembros; para potenciar sus capacidades y superar sus limitaciones enfrentando y resolviendo problemas unidos".

La verdadera tarea de la familia reside en construir la "identidad de la persona", de cada uno de sus miembros.

El gran reto es impulsar círculos virtuosos que contrarresten la violencia y la inseguridad y uno de ellos es la **FAMILIA INTELIGENTE que hoy la sociedad necesita y reclama.**

CLAVE
12

La sociedad en el umbral del nuevo milenio

Protagonista del Siglo XXI...

Se han planteado ya, en el desarrollo de este libro, múltiples megatendencias, a las que el ser humano contemporáneo tendrá que hacer frente hoy. La sociedad tendrá que prepararse para enfrentar el futuro, a través de la EDUCACIÓN de las nuevas generaciones, para que por medio de este proceso de formación de los individuos, se les otorguen habilidades y capacidades para alcanzar un desarrollo personal y social exitoso.

Responsabilidad

¿Qué implica ser protagonista de los inicios del siglo XXI? Significa haber adquirido una gran responsabilidad, ya que como habitantes del planeta, en este momento de la historia, es imposible permanecer ajenos y navegar en el mar de la ignorancia y la no comunicación.

Conocimiento...

El ser humano se encuentra en la era del conocimiento; sin embargo, poco se hace para promover la estimulación al estudio en el grueso de la población.

Significa tener más elementos tecnológicos y estar expuestos a mayores ventajas o peligros.

Significa estar obligados a dar la ayuda y apoyo al prójimo, para promover la tan ansiada justicia social.

Experiencia...

Significa aprender de los errores, tanto de las pequeñas faltas que comete el individuo en su diario vivir, como de los grandes errores que han llevado al hombre a convertirse en el peor y más cruel exterminador de su propia especie.

Virtudes...
Investigación...

Significa fomentar más la reflexión y la retoma de valores y virtudes positivas.

Significa fomentar y seguir estudiando la propia naturaleza humana, además de lo que pueden aportar a este respecto los estudios médicos, todas aquellas investigaciones cuyo objetivo sea descubrir y desarrollar todas las potencialidades del cerebro y los talentos de la persona, para que ésta tenga un excelente desempeño en el transcurso de su vida.

Significa replantearse la organización y los contenidos académicos que se les trasmiten hoy día a los niños durante sus clases en la escuela para asegurar la funcionalidad de los egresados y la aplicabilidad en la vida diaria de lo que se aprendió en la escuela.

Espiritualidad...

Significa promover la espiritualidad, es decir, que el individuo forje sus creencias y trabaje en pro de un crecimiento interior.

Significa, rescatar aquellas actitudes de espontaneidad, curiosidad, sinceridad, apertura, flexibilidad, compañerismo, etc., que cuando niños se practican y que de adultos se olvidan.

Significa, hacer crecer las capacidades del cerebro derecho entre las que se encuentra la creatividad y unir éstas a las del cerebro izquierdo para que se manifiesten de forma integral.

Visión...

Significa crear una visión de futuro a corto, mediano y largo plazo para programar al inconsciente, volverlo aliado y hacer que trabaje por aquello que tanto se anhela.

Significa promover la apreciación de la belleza, el arte y la cultura a través del contacto con las manifestaciones estéticas y culturales.

Transmitir...

Significa especializarse cada día más en el arte de la comunicación siempre con la intención de llegar a un acuerdo sinérgico con el otro.

Transformar...

Significa crecer y hacer crecer a los demás a través de la aplicación de un "liderazgo desarrollador" donde a quien le toque jugar el papel de subalterno (pueden ser los hijos) se le prepare tan bien que algún día pueda ocupar el papel principal (por ejemplo cuando el niño o joven llegue a ser padre también).

Significa aprender y enseñar sobre la mejor manera de utilizar los medios de comunicación, principalmente la televisión, para convertirla en un apoyo educacional en lugar de un medio deformador de las mentes de los niños y jóvenes.

Significa desarrollar el sentido de pertenencia y el apego a las tradiciones para crear una identidad con significado que lleve al mexicano a querer a su país, trabajar por él y representarlo internacionalmente.

Hagamos valer nuestra existencia...

En el escenario universal, la evolución ha apostado su mejor producción al ser humano, hagamos valer esa inversión de millones de años, para que la vida humana no sea una función de temporada, sino un éxito arrollador con un sinfín de representaciones, donde el creador se sienta tan satisfecho de su obra que nunca se arrepienta de su decisión.

El mejor consejo es el

que dicta

el corazón...

BIBLIOGRAFÍA

1) Rosenberg Marshall, B.
   Comunicación no violenta
   Editorial Urano
   España, 2000.

2) Kasuga de Y. Linda, Gutiérrez de Muñoz Carolina
   y Muñoz H. Jorge
   Aprendizaje acelerado
   Grupo Editorial Tomo
   México, 1999.

3) Antunes C.
   Estimular las inteligencias múltiples
   Editorial Narcea
   España, 2000.

4) Jensen Eric
   Brain-Based Learning
   The Brain Store
   USA, 2000.

5) Delors Jacques
   La educación encierra un tesoro (Compendio)
   Ediciones UNESCO
   México, 2000.

6) Villalobos Torres Marbella
   La familia como factor esencial en la calidad educativa
   Documento del foro nacional:
   Educación para el siglo XXI
   COPARMEX
   México, 1998.

7) Pliego Ballesteros, María
Los valores y la familia
Editorial Minos
México, 1999.

8) Calero Pérez Mavilo
Educar jugando
Editorial San Marcos
Perú, 2000.

9) O'Connor Joseph, Seymour John
Introducción a la PNL
Editorial Urano
España, 1999.

10) *Cuando "Apagarle" NO es una solución*
Guía para padres
Asociación a Favor de lo Mejor A. C. en los medios de
comunicación
México, 2000.

11) Enríquez Cabot, Juan
El reto de México, tecnología y fronteras en el siglo
XXI, una propuesta radical
Editorial Planeta
México, 2000.

12) Covey Stephen R.
Los 7 hábitos de las familias altamente efectivas
Editorial Grijalbo
México, 1998.

Para informes sobre cursos, conferencias, talleres o terapia
con la autora de este libro
Tels.: 5538-4477 • 5538-4526 • Fax: 5538-2306
e-mail: misspatychavez@hotmail.com

.

Otras obras de Alfaomega de pronta aparición

CUENTOS PARA QUERERSE MÁS
Autoestima para Niños y Jóvenes
BADILLO, Rosa María
112 págs. Rústica 17 x 23 cm
ISBN 970-15-0699-5

CONOCER AL NIÑO A TRAVÉS DEL DIBUJO
SALVADOR, Ana
80 págs. Rústica, 14 x 21 cm
ISBN 970-15-0698-7

LAS INTELIGENCIAS MÚLTIPLES
Cómo Estimularlas y Desarrollarlas
ANTUNES, Celso
120 págs. Rústica, 17 x 23 cm
ISBN 970-15-0702-9

LOS PRIMEROS CINCO AÑOS
Desarrollo y Evolución del Niño
SHERIDAN, Mary
120 págs. Rústica, 17 x 23 cm
ISBN 970-15-0703-7

GIMNASIA MENTAL
El Juego como Elemento de Desarrollo
BATLLORI, jorge
120 págs. Rústica, 17 x 23 cm
ISBN 970-15-0701-0

NIÑOS CON ESTRÉS
Cómo Evitarlo, Cómo Tratarlo
TRIANES, Ma. Victoria
220 págs. Rústica, 17 x 23 cm
ISBN 970-15-0704-5

APRENDER A SER PADRES
Nueva Guía de Orientación para
los Padres de Hoy
MÍGUEZ, María Del Carmen
256 págs. Rústica, 14 x 21 cm
ISBN 970-15-0743-6

NIÑOS HIPERACTIVOS
Comportamiento, Diagnóstico, Tratamiento,
Ayuda Familiar y Escolar
ÁVILA, Carmen
136 págs. Rústica, 14 x 21 cm
ISBN 970-15-0705-3

PSICOLOGÍA DE LA ATENCIÓN Y DE LA PERCEPCIÓN
Guía de Estudio y Evaluación Personalizada
AÑAÑOS, Elena
84 págs. Rústica,
ISBN 970-15-

DISCIPLINA CON AMOR
MARTÍNEZ, Baudilio
80 págs. Rústica, 14 x 21 cm
ISBN 970-15-0700-2

BUENOS MODALES PARA NIÑOS
Normas Básicas de Comportamiento y
Urbanidad para el Mundo de Hoy
GUEVARA, Marisela
144 págs. Rústica, 14 x 21 cm

Visite nuestro sitio en Internet:
www.alfaomega.com.mx

H4/E1/R1/01

Esta edición se terminó de imprimir en diciembre de 2001. Publi-
cada por ALFAOMEGA GRUPO EDITOR, S.A. de C.V. Apartado
Postal 73-267, 03311, México, D.F. La impresión se realizó en
CONSORCIO DIGITAL LITOGRÁFICO, S.A. de C.V., Dr. José
Ma. Vertiz N0. 918, Col. Narvarte, 03020, México, D.F.